KB270237

# 날마다 찬미예수 (250곡)

CcM²u

날마다 **찬미예수** 250곡은 . . .

- ♥ 한국교회의 청년과 장년들이 선호하는 복음성가 **베스트 250곡**

- ♥ **미가엘 반주기** 번호표시(**구·신 버전**)로 미가엘 반주기 사용이 용이합니다.

- ♥ 청년부·신세대를 위한 **신곡**(마커스, 제이어스 등)도 엄선 선곡한 찬양으로 함께 할 수 있습니다.

- ♥ **큰 글씨 큰 악보,** 사용하기 편리한 **제본 방식**과 **편집**으로 누구나 보기에 편합니다.

- ♥ 수요예배, 금요철야, 주일찬양예배, 구역모임 등 여러 예배에서 은혜로운 찬양으로 사용할 수 있습니다.

- ♥ **가나다순 편집**으로 목차에서 곡을 찾을 때는 곡의 제목뿐 아니라 가사첫줄만 알아도 쉽게 찾을 수 있습니다.

# Contents

## 회개와 고백



## 인도와 보호



## 기도와 간구

## 축복과 감사





## 은혜와 사랑



## 소명과 헌신

## 평안과 위로



## 신뢰와 확신





## 분투와 승리



## 성도의 교제



## 선교와 전도

# 갈릴리 마을 그 숲속에서

(가서 제자 삼으라)

최용덕

미가엘
(구) 1166
(신) 1285
갈 - 릴리마을 그 숲속 에서 - -
주님그 열한 제자 다 시 만나시사 - -
마지막 그들에게 말씀하 시기 를 -
너희들은 - 가라 저 세상으로 -
가서 제 자삼으 라 세상많 은사람 들 을
세상 모 든영혼 이 네게 달렸나 니 -
가서 제 자삼으 라 나의길 을가르 치 라
내 가 너 희와 - 항상 함 께하 - 리 라 -

# 갈급한 내 맘

(I'll Alway Love You)

Tim Hughes

미가엘
(구) 2174

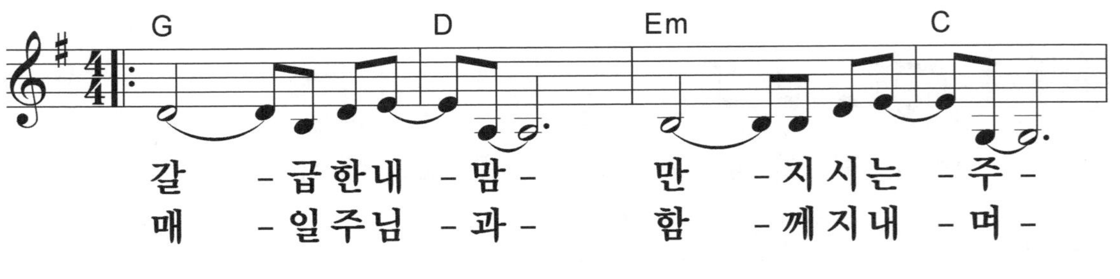

갈 -급한내 -맘- 만 -지시는 -주-
매 -일주님 -과- 함 -께지내 -며-

사 -랑과노 -래- 드리 기 원합 니다 -
주 -의부르 -심- 주마 음 알 기 원해 -

주 -사랑해 -요- 주 -찬양해 -요-
내 -모든호 -흡- 주 -께속했 -네-

높 -고거룩 -한- 주날 만 져 주 시니 - -이전과
주 -의부르 -심- 주마 음 알 기 원해 - -내생명

같 지 않 으리 - 주사랑 -해 -요-
주 께 속 했네 -

영 원히 -찬 -양 -해 -예 -수 - 신 령과 -진

# 갈급한 내 맘

-정 -으 -로 -경 -배 -드 -려 -요 -
주 사랑-해 -요- 영 원히 -찬 -양 -해 -예 -수
- 신 령과 -진 -정 -으 -로 -경 -배 -드 -려 -요
-
예수이름 - 높이올려 -드리 -세 한목소리로
- - - 소리높여 - 모두외치 -세 -

미가엘
(구) 1015
(신) 1569

# 3. 감사해 시험이 닥쳐올 때에

(Thank You Lord)

Daniel L. Burgess

GM7　CM7　D2/C　Bm7
감-사 해 - 시험이닥 쳐 올 때에
Em7　Am7　D7　G
주께서인 도 하 시 니 - 두려움없 네
GM7　CM7　D2/C　Bm7
또감사- 해 - 고통이찾 아 올 때에
Em7　Am7　D7　G
주께서지 켜 주 시 니 - 승리하 리 라
F6/G　C2　D/C　Bm7
나의모 든 생 활속 에 서 주님이함 께하 시
Em7　Am7　D7　G
니 주님의 성 령 나 를 인 도하시 리
F6/G　G7　C2　D/C　Bm7
시험이 나 를찾 아 올 때주님 지 켜주 시
Em7　Am7　D7　G
리 주님의 성 령 나 를 인 -도하시 리

미가엘
(구) 1632
(신) 1978
감사해요 깨닫지 못했었는데
(또 하나의 열매를 바라시며)
설경욱
D    A/C#    Bm    Bm/A    G    A
감사 해요 깨 닫지못했 었는데 - 내가 얼마나 - 소중한존재
D    Am D7 G    A    D    F#m/C# Bm
라 는걸 - 태초부터지금까지 하 나 님 의사랑은 - 항
Em    Em/D    G/A    A7    D    A/C#
상 날향하고있었 다 는걸 - 고마워요 - 그사랑을가르
Bm    Bm/A    G    A    D    Am    C/D
쳐준당신께 - 주 께서허락하 - 신당신 께 그 리스
G    A    F#m    B7    Em    G/A
도의사랑으 - 로더욱 섬 기며 - 이제 나도세 상에 - 전하리
D    G/A    D    A/C#    Bm    B7
라 당신 은 사랑받기 - 위 해 그 리 고
Em    A7    D    Am    C/D    G    A7
그사랑 - 전하기 - 위 해 주 께서 택 하시고 - 이땅에
F#m    Bm    Em    A7    3    D
심 으셨네 또 하 나의 - 열 매를바라시 며

# 5 거리마다 기쁨으로
(Hear Our Praise)

Reuben Morgan
거 리 마 - 다 기 - 쁨 으 - 로 -
- 앞 에 - 행 할 - 때 -
춤 을 추 - 게 하 - 시 고 -
주 의 빛 - 비 추 - 시 고 -
주 의 백 - 성 기 - 도 할 - 때 -
물 이 바 - 다 덮 - 음 같 - 이 -
이 땅 회 - 복 하 - 소 서 - 산 위
주 영 광 - 채 우 - 소 서 -
에 서 - 계 곡 까 지 - 우 리 찬 양 -
울 리 네 하 늘 에 서 - 열 방
까 지 - 우 리 노 래 - 가 득 하 네

거리마다 기쁨으로

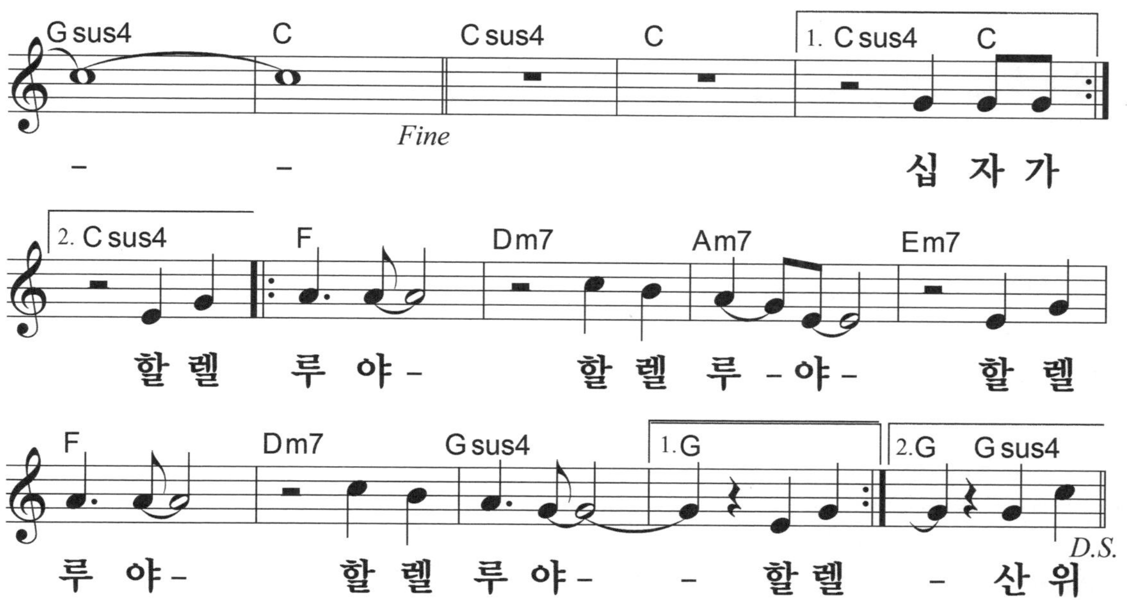
Gsus4 C Csus4 C 1. Csus4 C
Fine
십 자 가
2. Csus4 F Dm7 Am7 Em7
할 렐 루 야 - 할 렐 루 - 야 - 할 렐
F Dm7 Gsus4 1.G 2.G Gsus4
루 야 - 할 렐 루 야 - - 할 렐 - 산 위
D.S.

# 6

## 거룩하신 하나님
### (Give Thanks)

Henry Smith

미가엘
(구) 712
(신) 1615

F    C/E    Dm    Am
거 룩 하신 하 나님 - 주 께 감사 드 리세 -
의 맘과 뜻 다해 - 주 를 사랑 합 니다 -
Bb    F/A    EbM7    1. C7
날위 해 이땅에 오신 독 생 자 예 수 나
2. C7    Bb/C C/Bb    Am9    Dm    C/E F Gm
수 내 가 약할 때 강 함주 고
C7    Bb/D C/E FM7    A7/E    Dm7    Eb
가난 할때 우 리 를 부요케하 신나 의 주
1. C7    C/Bb    2. C7    F
감 - 사 내 사 감사 -

# 경배하리 주 하나님

(I Worship You, Almighty God)

경배하리 주하나님  전능하신 주
경배하리 평화의-왕 - 주를사랑 합니다
찬양 하세 - 누가주와 같으리 -
경배하리 주하나-님  전능하신 주

# 8 괴로울 때 주님의 얼굴 보라

미가엘
(구) 1027
(신) 1834

(In These Dark Days)

Harry John Bollback

C            F            G7            C
괴로울 때  주님의얼굴 보라 평화의 주  님바라보아 라
힘이없 고  네마음연약할 때 능력의 주  님바라보아 라

C            F            C    G7       C
세상에 서 시달린친구 들 아 위로의 주  님바라보아 라
주의이 름 부르는모든 자 는 힘주시 고  늘지켜주시 리

G            C            Am       D        G   G7
눈을들 어   -주를보 라   -네모든 염   려주께맡겨 라

C        E  F            C       G7        C
슬플때 에 주님의얼굴 보 라 사랑의 주  님안식주리 라

교회여 일어나라
9
전은주

A D Esus4 E7 A D Esus4 E7 D A/C#

교회여일어나- 라 - 주께서부르시 니 - 두려움과 실패
교회여일어나- 라 - 주께서보내시 니 - 우 릴부르신 삶의

Bm7 F#/A# Bm7 E7 1.A 2. A DM7

내려놓고 교회 여일어나라 - - - - 우린세상의빛-
자리에서 교회 여일어나라 - - - (어둠

DM7 A Bm7

하나 님의편지 주의 교횔통해
을밝히는) (쥬를 나타내는)

Bm7 D/E E7 A

세상이 주 를보리 라 - 일어나라 아버지사랑으
(우릴통 해) 노래하라 아버지의사랑

E/G# F#m7 F#m/E

로 - 아버지능력으 로-- 서로 하나되어
을 - 아버지의크심 을-- 이삶 의노래로

DM7 1.Esus4 E7 2.Esus4 E7 A D/A A

그빛을-비추 라 - 라 - 일어나 라 - -
주님을나타내

# 10 기뻐하며 승리의 노래 부르리

(We Will Rejoice)

David Fellingham

미가엘
(구) 663
(신) 1677

기 - 뻐하며 - 승리의 노래부르리
그 백성 주가 회복시 - 키시 네
그 - 사랑으로 억눌렸던자모아
칭찬과 명 - 성얻게 하시 네 -
전심으로 - - - - - 기뻐하리 -
전심으로기 뻐하리 - 전능의 왕우리함께 -
전능의왕 - - - - 함께하시 네 -
우리의강하 신용사 - 구원과 승리주시네 -

A
E
C#7
기뻐외치며 -주께두손들리- -
F#m
B7
E
춤을추며 - 왕께찬양해- -
A
E
C#7
모든원수를 - 멸하신주님- -
F#m
B
E
전능의왕 - 함께하시네 -

# 11 나 가진 재물 없으나

(나)

송명희 & 최덕신

미가엘
(구) 968
(신) 1348

A          D          Bm       E7        A M7
나   가진재물 없으나 -   나 남이가진지식 없으나 -

F#m      F#7/A#        Bm          G#m        G#7        Esus4 E7
나 남에게있는건강있지 않으나 -  나 남이없는것 있으 니

A          D          E        E7        A M7
나 남이못본것을 보았고 -  나 - 남이 듣지못한음 - 성 들었고 -

A7    F#7        Bm7            D        D#dim    D/E  E     E7
나 남이 받지못 - 한사랑받았고 - - 나 남이모르는 - 것께 달았네 - -

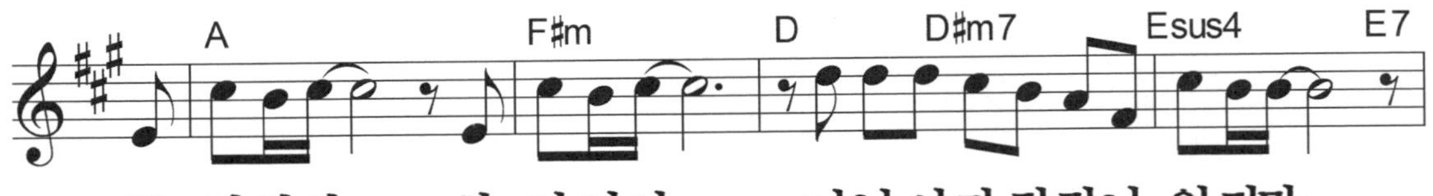

A          F#m       D        D#m7       Esus4          E7
공 평하신 -   하 나님이 -   나남이가진것나 없지만 -

A          F#m       D        E7        A
공 평하신 - -   하 나님이 -  나 남이없는것 갖게 하셨네 -

미가엘
(구) 2159
(신) 1506
나는 주만 높이리
(Only A God Like You)
12
Tommy Walker
나는 주 만높 – 이 리 – 결코 내 맘변 – 치않 – 네 –
세상 모 든권 – 세모 – 든영 – 광십 – 자가앞에 다버 – 리고 –
나의 충 성과 – 내헌 – 신 – 내모든 소 망오 – 직예 – 수
나무 에 달려 – 죽으 – 신그 – 분 께 –
오직우리주 – – 께 – 내믿음 – 소망찬양 받기 – 합당한분 또
오직만왕 – 의왕께 – 엎드려 – 경배하며 모 – 두드리리
– 두드리리 나 를지으시 – 고아버 – 지되시 – 며나 를구원하 – 사
하늘 – 의상주 – 실 오 직우리주 – 님 께 – 나찬양하리 – –
오직우리 주 – 께 오직우리 주 – 께 오직우리주 – 께 –

13 나는 아네 내가 살아가는 이유
(불을 내려 주소서)
미가엘
(구) 2274
천관웅

C G Am F
1. 나 는 아 네 내 가 살 아 가 는 이 유
작 은 아 불 이 큰 산 모 두 태 우 듯 이
2. 주 발 앞 에 신 을 벗 고 기 도 하 니
성 령 으 로 연 단 받 은 불 의 사 람

1. C G F
2. C G F
불 이 되 는 것 나 를 쓰 소 서
불 을 주 소 서 되 게 하 소 서

FM7 C Gsus4 Am F
불을- 내 려주- 소서 - 내게- 성 령의-불을 -

C Gsus4 Am F
죽 어진-영 혼 - 살 릴 수있-도 록 - 나를-

C Gsus4 Am F
태 워주- 소서 - 제단- 위 에나-를 드 -리 니-

C Gsus4 F
열 방의-불-로 - 세우-주소 서 -

태 - 우 소 - 서 부 - 으 소 - 서 성 - 령 의 - 불
을
불을 - 내 려주 - 소서 - 내게 -
성 령의 - 불 을 - 죽 어진 - 영 혼 - 살
릴 수있 - 도 록 - 나를 - 태 워주 - 소서 - 제단 -
위 에나 - 를 드 - 리 니 - 열 방의 - 불 - 로
- 세 우 - 소 서 -

# 14 나는 찬양하리라

(I Sing Praises To Your Name O Lord)

Terry MacAlmon

미가엘
(구) 807
(신) 1921

나는찬양하리 라 주 - 님 그이름찬 양
나는영광돌리 리 주 - 님 영광의이 름

예 - 수 크신 주 이름 나 찬 양 하 리 라

나는찬양하리 라 주 - 님 그이름찬 양
나는영광돌리 리 주 - 님 영광의이 름

예 - 수 크신 주 이름나 찬 양 하 리 라 -

# 나는 하나님을 예배하는    15
### (나는 예배자입니다)

송세라 & 전종혁

F    C/E    Bb/D    F/C    Bb  C  Dm    Csus4
나는하나님을 예배하-는 예배자입니다
F    C/E    Bb/D    F/C    Bb    Dm7    G/B Csus4
내가서있는곳 어디서-나 하나님을예배합니다
Am7    Bb    C    Dm7    F/A
내 영혼 - 거룩한- 은혜를 - 향하여-
Bb    C    F    F/A
내 마음 - 완전한- 하나님 향하여 - 이 곳
Bb    F/A    Dm7    Gm7    Csus4    F
에서 바로 이시간 하나님을예배합니다

# 나를 지으신 이가

(하나님의 은혜)

나를 지으신이가 - 하나 님 나를 부르신이가 - 하나
님 나를 보내신 이도 - 하 나 - 님 - 나의
나된것은다 하나님 은혜라 - 나의 달려갈길 다 가도록
- 나의 마지막호흡 - 다하 도록 - 나로
그십자가 - 품게 하시니 - 나의 나된것은다 - 하나님
은혜라 - - 한량없는 은 혜 - 갚을길없는
은혜 내삶을에워 싸는 - 하나님의 - 은 혜
- 나 주저함없 이 - 그땅을밟음 도
- 나를붙드시 는 - 하나님의은 혜 -

# 나를 지으신 주님

(내 이름 아시죠 / He knows My Name)

Tommy Walker

**17**

E   F#m7   E/G#   A   E/B   B7sus4   B7
나를 - 지으 신 주님 -    내안 - 에계셔 -
그는 - 내아 - 버지 -    난그 - 의소유 -
E   F#m7   E/G#   A   E/B   B   E
처음 - 부터 내삶은 -   그 의 손에 - 있었죠 -
내가 - 어딜 가든지 -   날 떠 나지 - -않죠 -
A   E   B   E   A   E   B   E
내이 - 름아 - 시죠 -    내모 - 든생 - 각도 -
A   E   B   C#m   A   B   E
내흐 - 르는 - 눈물 -   그 가 닦아 - 주셨죠 -
아바 - 라부 - 를때 -   그 가 들으 - -시죠 -

# 18 나를 향한 주의 사랑

(산과 바다를 넘어서 / I Could Sing Of Your Love Forever)

Martin Smith

미가엘
(구) 1904
(신) 1503

나를향한 -주의 -사랑 - 산과바다 -에넘 -치니 - 내마음열때주님
나에게참자유주 -셨네 -늘진리속 -에거 -하며 -나의손을 -높이 -들고
-언제나주님의사 랑을노래하 리- 주의사랑노래 -하 -리 -라-
영원토록노래 -하 -리 -라- 주의사랑노래 -하 -리 -라-
3rd time to
1. A Bsus4 B7 2. A Bsus4 B7
영원토록노래 -하 -리 -라- 영원토록노래 -하 -리 -라-
내가춤 -을 출 때 다 비웃겠 - 지만 - -
그들도주 -알 게되면- 함께 기뻐 -춤 -을추게 -되리-
D.S.
영 원 토 록 노 래 -하 -리 -라- -

# 나 무엇과도 주님을

(Heart And Soul)

Wes Sutton

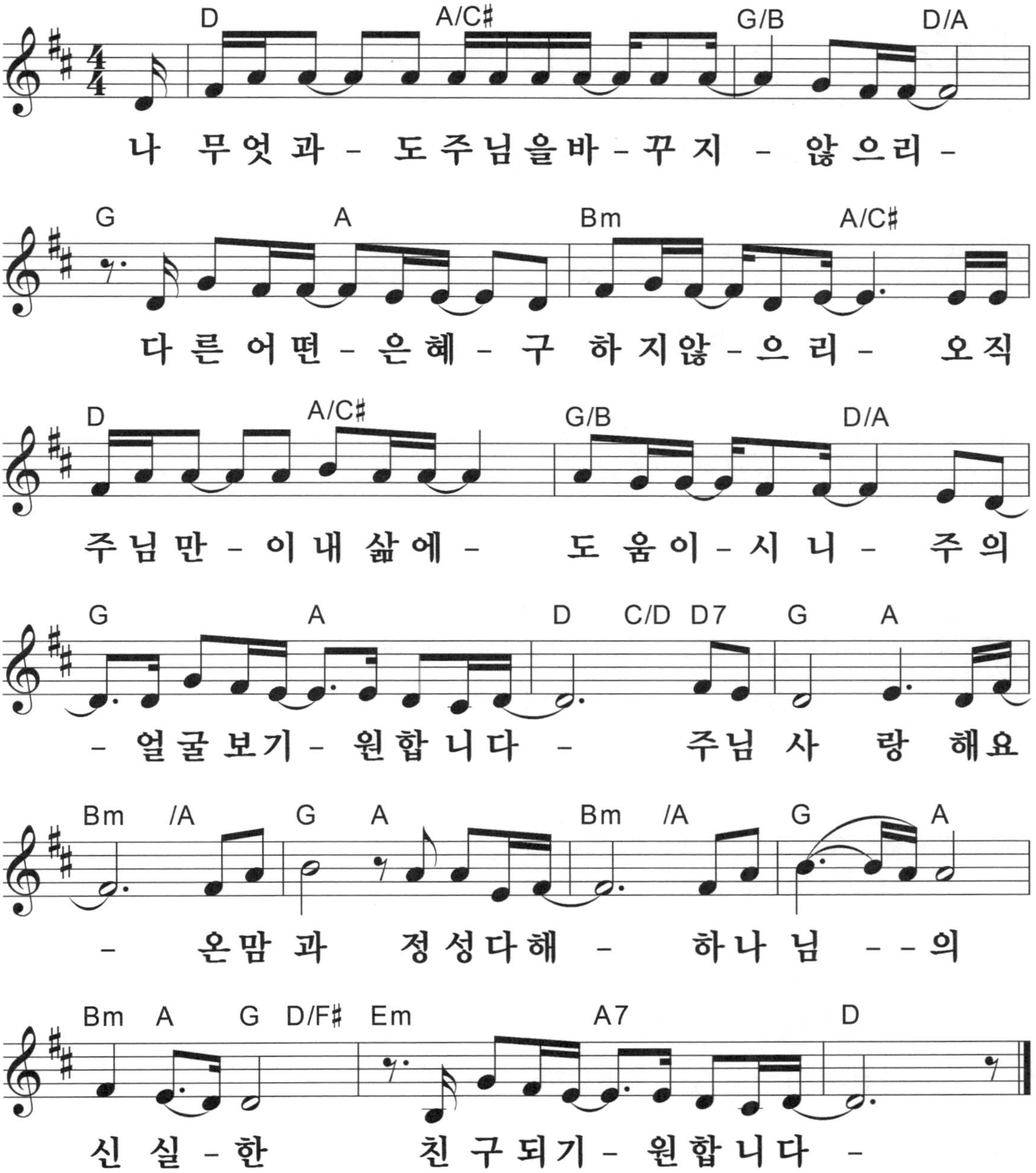

D    A/C♯    G/B    D/A
나 무엇과 - 도주님을바 - 꾸지 - 않으리 -

G    A    Bm    A/C♯
다 른 어떤 - 은혜 - 구 하지않 - 으리 -    오직

D    A/C♯    G/B    D/A
주님만 - 이내삶에 -    도 움 이 - 시 니 -    주 의

G    A    D  C/D  D7  G    A
- 얼굴보기 - 원합니다 -    주님사    랑  해요

Bm    /A    G    A    Bm    /A    G    A
- 온맘과    정성다해 -    하나님 - - 의

Bm  A   G  D/F♯  Em    A7    D
신 실 - 한    친구되기 - 원합니다 -

# 20 나보다 나를 잘 아시는 주님

(시편139편 / Psalm 139)

주민정

A2   E/A   A2   E2   B/E
나 보다나를- 잘 -아시는 주-님 - - -

E2 B/E   A2   E/A   A2   E2 B/E
내가 주를떠나- 어디 로가겠나 - 이 까 -

E2 B/E   A2   E/A   A2   E2 B/E
나 어딜가든-지 주의 손이나를 인도하 -시며

E2 B/E   A2   B/A   A2   A/B   B2
주의 오른손이- 나 를붙드시- 리다 - - -

A/C#   B/D#   E   /G#   A
나 를 창세전 -부-터- 계 획하-시고 -

D   A/C#   A/B
지금까지- 인 -도하-시 네 - - - 하나님

E   E/G#   A2
-이 여 주의생 -각 이 어찌그 -리보배 로우신

Am   E/B   F#/A#
-지 -요 나의생 -각보다 나 의뜻 - 보다 - 더

F#m7　　　A/B　　　E
크고 놀 - 라우신 - 주 - 님 하나님 - 이 여 나를살
E/G#　　　A2　　　Am/C
- 피 - 사 나의마 - 음 을 다아시 - 오 - 니 - 나를
E/B　C#m7　F#m7　A/B　Esus4　E
영원한길 - 로 인 - 도하 - 소서 - 　 -

# 21 나 약해있을 때에도

(주님 만이)

조효성

나 약해있을때 에 도 주 님은함께계 시
시험당할때 에 도 주 님이지켜주 시
고 나 소 망잃을때 에 도 주
고 나 실 망당할때 에 도 주
님은내게오 시 네 나 님이위로하 시 네
주 님 만－이 내 힘이시며
오 주님 만－이 날 도우시네
오 나의주－님 내 아버지여
오 나의주－님 내 사랑이여

미가엘
(구) 1988
(신) 1593

# 나의 가는 길

(God Will Make A Way)

Don Moen

22

나 의가-는길 - 주님 인 도하-시네 - 그는
보 이지 - 않아도 - 날 위해-일 하 -시네 -
주 나의-인 도 -자 항상함 께하-시 네 - 사
랑 과힘- 베 푸시며- 인 도하 -시 네 -
인 도하 -시 네 -
Fine
1.Am D/A C/D D    2.G G/F
광야
에 길을만 드시 -고 -날 인 도해       사
막 에강 -만 드 -신 것 -보 라 -
하늘과땅-변 해 -도 주의말 씀영-원 히 -    내
삶 속에- 새 일 을행-하 리 - -
D.C.

# 23 나의 가장 낮은 마음

(낮은 자의 하나님)

양영금 & 유상렬

미가엘
(구) 1490
(신) 1621

나의가-장- 낮은마-음- 주님께-서- 기뻐하-시고
내가지-쳐- 무력할-때- 주님내-게- 힘이되-시고

작은일-에- 큰기쁨-을- 느끼게하시는도-다-
아름다-운- 하늘나-라- 내맘에주시는도-다-

우리에게- 축복하신- 하나님사랑-

낮은자를- 높여주시고- -

아름다운- 하늘나라- 허락하시고-

내모든-것- 예비하시네- -

찬양함에기쁨을- 감사함에평안을-

간구함에하나님- 알도록- 하셨네 -

# 나의 등 뒤에서

(일어나 걸어라)

최용덕

미가엘
(구) 1016
(신) 1081

나의등 뒤에서 나를 도 우시는 주
나의등 뒤에서 나를 도 우시는 주
나의등 뒤에서 나를 도 우시는 주

나의 인생-길에서 지치고 곤하여
평안히길-을갈땐 보이지 않아도
때때로뒤돌아보면 여전히 계신주

매일 처럼 주저 앉고 싶을-때 나를-밀어주시 네
지치고곤하여넘어질때-면 다가와손내미시 네
잔잔한미소로 바라보시-며 나를-재촉하시 네

일어나 걸어라 내가새힘을주리 니
(O O야! 일어나라)

일어나너걸어라내너를도우리

# 25

## 나의 마음을
### (Refiner's Fire)

미가엘
(구) 1654
(신) 1606

Brian Doerksen

E   B/D#   C#m   F#m7   B sus4   B7

나 의마 - 음을 -   정금과같 이   정결 케하소 서
나 의마 - 음을 -   주님과같 이   거룩 케하소 서

E   B/D#   C#m   F#m   E/B   B

나 의마 - 음을 -   정금과같 이   하 소 서
나 의마 - 음을 -   주님과같 이   하 소 서

E   A   B   E   A   B   E   B

내 영혼에 -   한소망있으니 -   주님 과   같 - 이

E   A   B sus4   B   E   B

거룩하게 - 하 - 소 - 서 -   나의삶 을   드리니

E   A   E/B   B   F#m   B sus4

거룩하게 - 하소서 - - 오주 - 님   나를받으 - 소 서

C#m7   G#m7   F#m7   B sus4   A   E

- 나 를 받으 - 소 서 -   -

# 나의 만족과 유익을 위해

(Knowing You)

Graham Kendrick

나의 만족과 유익을 위-해 가지려 했던 세
의 능력 체험하면-서 주의 고난에 동

상 일들 이젠 모두 다 해로 여기-고 주님
참 하고 주의 죽으심 본을 받아-서 그의

을 위해 다 버리 네 내 안에 가장
생 명에 참 예 하 네

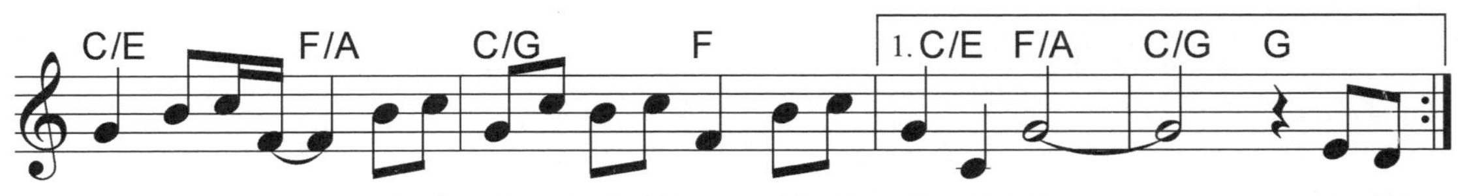

귀 한 것 주 님 을 앎 이 라 모든

것 되시며 - 의와 기쁨되신 주 사랑 합니 다 - 부활
합 니 다 - 나 의 주 -

# 27 나의 맘 받으소서

(My Heart Your Home)

Nathan & Christy Nockels

나의맘 받으 소서 - - - 오셔서
주님의-처소삼으-소서 - 나의- 전부이 -신
주여내맘을 - 받아주소-서 - 나의맘
- 오 나의맘을 - - - - 주님께열었 - - - 으니
- 주여내게-오 -셔서- 내맘에-거하 -여주-옵소-서 주가
기뻐하는 - 주 의성전되게하소서 나의맘 - 주여내맘을
- 받아주소-서 - 주여내맘을 - 받 아주소-서 -

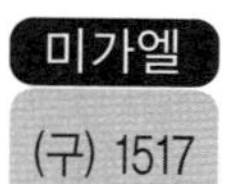

# 나의 모습 나의 소유

(I Offer My Life)

Claire Cloninger & Don Moen

미가엘
(구) 1517
28
나의모습 - 나의소유 - 주님앞에 - 모두드 -립니다 -
어제일과 - 내일일도 - 꿈과희망 - 모두드 -립니다 -
모든아픔 - 모든기쁨 - 내 모든눈물 - 받아 -주소서 -
모든소망 - 모든계획 - 내 손과마음 - 받아 -주소서 -
나 의 생명을드 - 리니 주영광위 - 하여 -
사용하옵소 서 내가사는날동 - 안에 주를찬양 - 하며 -
기쁨의제물 되리 - 나를받아주 소서 - -
서 우 리 가 진 - 이 모든것들 - 을 다
주 께 서 우 - 리 에게 주시었 네 - 몸 밖 에 드 - 릴 것 이
- 없 으 - 니 내 삶 을 받 아 - 주 소 서
Fine
D.S.

# 나의 반석이신 하나님

(Ascribe Greatness)

미가엘
(구) 575
(신) 1952

Mary Kirkbride & Mary Lou Locke

나 의 반 석 이 신 하 나 님 행 하 신
모 든 것 완 전 하 시 니 – 나 의
생 명 되 신 하 나 님 내 게 행 하 신 일 찬 양 합 니
다 – 신 실 하 신 하 나 – 님 실 수 – 가
없 으 – 신 – 좋 으 신 나 의 주 – – – – –
신 실 하 신 하 나 – 님 실 수 – 가 없 으 – 신 –
좋 으 신 나 의 주 –

나의 안에 거하라
미가엘
(구) 2081
(신) 1689
30
류수영
A  A7  D  Bm
나의 안에 거 하라 - 나는 네 하 나 님 이니 - 모든
E  E7  A  E E7  A  A7
환난 가운데 - 너를 지키 는 자라 - 두려 워하지말라 - 내가널
D  Bm  E  E7  A E7
도와주리니 - 놀라 지말라 - 네손 잡아주리라 - 내가너를
A  A7  D  E
지 명하 - 여 불렀나 - 니 너는 내 것이라 - 내 것이라 - 너의
A  E E7  A  A7
하 나 님 이라 - 내가너를 보 배롭 - 고 존 귀하 - 게
Bm  E  E7  A
여 기노라 - 너를 사랑하 - 는 네 여 호와라 -

31
나의 영혼이 잠잠히
(오직 주만이)
미가엘
(구) 805
(신) 1666
이유정

나의영혼이 - 잠잠히 하나님만바람이여 -
나의영혼이 - 간절히 여호와를갈망하며 -

나의구원이 - 그에게서 나 - 는 도 다
나의입술이 - 여호와를 찬 - 양 하 리

나의영혼아 - 잠잠히 하나님만 - 바라라 -
나의영혼이 - 즐거이 여호와를따르리니 -

나의소망이 - 저에게서 나 - 는 도 다
나의평생에 - 여호와를 송 - 축 하 리

오직 주만이 - 나의 반 - 석 나의 구 - 원 - 이시 니

오직 주만이 - 나의 산 - 성 내가 요동치아니 하 리

Fine
리 나의구원나의 영 광 하나님께있으 니

D.S.
내 힘의 - -반 석과 - 피난처되 시 네 - 오직

미가엘
(구) 809
(신) 1205

# 나의 힘이 되신 여호와여

## 32

최용덕

나 의 힘이되신여 호와 여    내가 주 님을사랑합니 다
나 의 생명되신여 호와 여    내가 주 님을찬양합니 다

주는 나 의 반-석이 시며-    나의요  새-시 라
주는 나 의 사-랑이 시며-    나의의  지-시 라

주는 나 를 건 지시 는    나의주  나의하나 님
주는 나 를 이 끄시 어    주의길  인도하시 며

나의 피 할 바-위시 요    나의방  패시 라
나의 생 의 목자되시 니    내가따  르리 라

나의 하    나 님    나의 하    나 - 님

구 원의뿔-이시 요    나의산  성 이 라
생 명의면류관으 로    내게씩  우 소 서

나의 하  나 님    나의 하  나 - 님

그는  나의여호 와    나의 구 세 주

# 33. 나 주님의 기쁨되기 원하네
### (To Be Pleasing You)

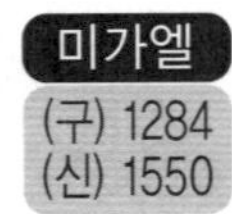

미가엘
(구) 1284
(신) 1550

Teresa Muller

G · G/B · C · G/B · Am · D
나주님 - 의기쁨되 - 기 원하네 -  내 마음을 - 새롭게하 - 소 -
겸손히 - 내마음드 - 립 니 - 다 -  나의모 - 든것받으 - 소 -

Am/G G · G/B · C · G/B
서 - -  새부대 - 가되 - 게하 - 여 - 주 - 사 -  주
서 - -  나의맘 - 깨끗 - 케씻 - 어 - 주 - 사 -  주

Am · C/D · Am/G G · C/D · G · D/F♯
님 의빛 - 비추게하 - 소 - 서 - -  내가 원 - - 하는 -
의 길로 - 행하게하 - 소 - 서 - -

C/E · G · C · Am7 · C/D · D7
한 - - 가지 -  주님의 - 기쁨이 되 는것 -  내 가

G · D · C · D · Em · Am · D7 · G
원 - - 하는 -  한가 - 지 - - -  주님의 - 기 - 쁨이되 는것 - - -

# 나 주의 믿음 갖고

## (I Just Keep Trusting The Lord)

34

John W. Peterson

나 주의 믿음갖고 - - 홀로걸어 도 -
내 주는 선한목자 - - 나를인도 해 -

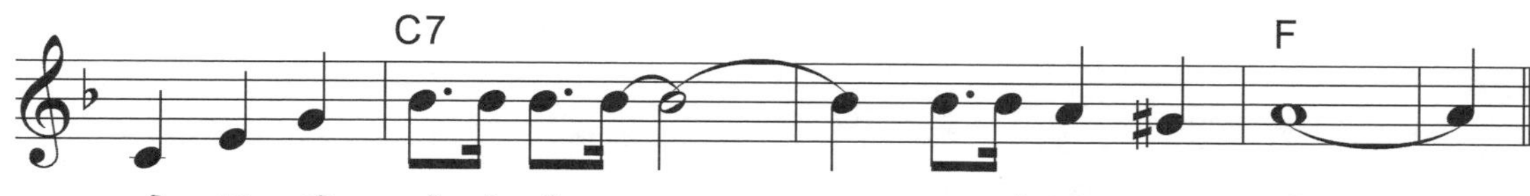

나 주의 믿음갖고 - - 노래부르 네 -
사 망의 골짜기로 - - 다닐지라 도 -

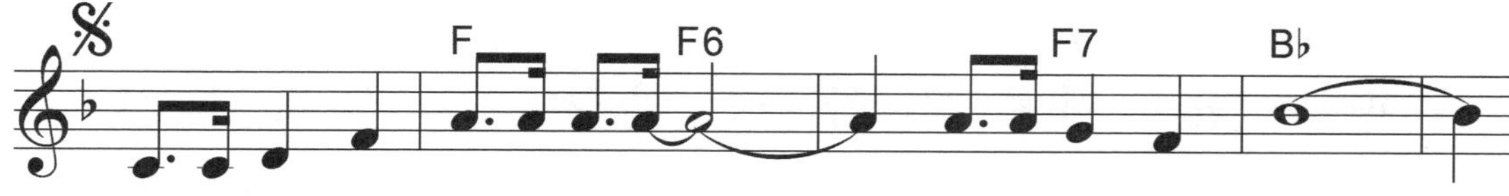

폭 풍구름 몰아치고 - - 하늘덮어 도 -
주 님께서 나의길을 - - 인도하시 니 -

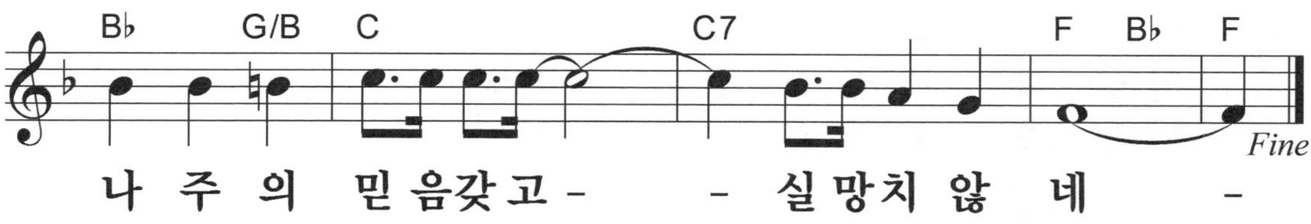

나 주의 믿음갖고 - - 실망치않 네 -
나 주를 따라가리 - - 언제까지 나 -
Fine

주 는내 친 구 - 진실한친 구 -
주 는내 목 자 - 선하신목 자 -

세 상끝 까 지 - 주의지하 리 -
어 디가 든 지 - 함께하시 네 -
D.S. al Fine

# 35 날 구원하신 주 감사

(Thanks For God For My Redeener)

미가엘
(구) 1601
(신) 1679

Arr. Roy Brunner & John A Hultman

날구원 하신주 감사 모든 것 주심감 사
응답하 신기도 감사 거절하 신것감 사
길가에 장미꽃 감사 장미 꽃 가시감 사

지난추 억인해 감 사 주내곁 에계시 네
헤쳐나 온풍랑 감 사 모든것 채우시 네
따스한 따스한 가 정 희망주 신것감 사

향기론 봄철에 감 사 외론 가 을날감 사
아픔과 기쁨도 감 사 절망 중 위로감 사
기쁨과 슬픔도 감 사 하늘 평 안을감 사

사라진 눈물도 감 사 나의 영 혼평안 해
측량못 할은혜감 사 크신 사 랑감사 해
내일의 희망을감 사 영원토 록감사 해

# 날마다 숨쉬는 순간마다

(Day By Day)

미가엘
(구) 1009
(신) 1808

36

Arr. PD. Berg Sandell & Ahnfelt Oscar

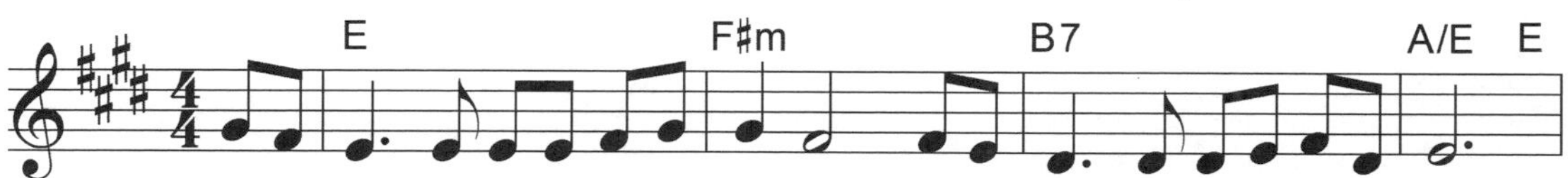

E    F#m    B7    A/E  E
날마 다 숨쉬는순간 마 다    내앞 에 어려운일보 네
날마 다 주님내곁에 계 셔    자비 로 날감싸주시 네
인생 의 어려운순간 마 다    주의 약 속생각해보 네

E    F#m    B7    A/E  E
주님 앞 에이몸을맡 길 때    슬픔 없 네두려움없 네
주님 앞 에이몸을맡 길 때    힘주 시 네위로함주 네
내맘 속 에믿음잃지 않 고    말씀 속 에위로를얻 네

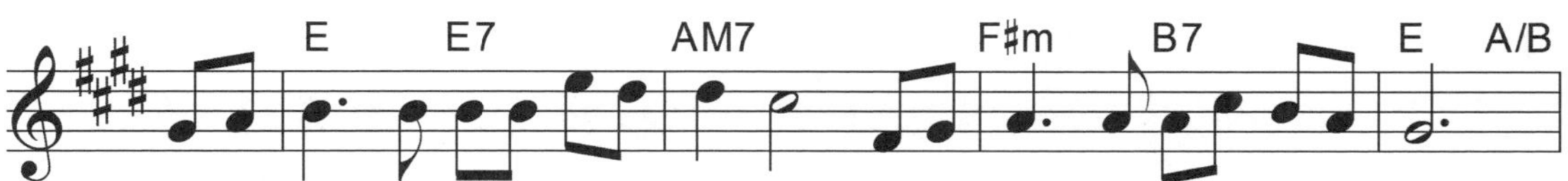

E    E7    AM7    F#m    B7    E    A/B
주님 의 그자비로운 손 길    항상 좋 은것주시도 다
어린 나 를품에안으 시 사    항상 평 안함주시도 다
주님 의 도우심바라 보 며    모든 어 려움이기도 다

E    F#m    B7    E
사랑 스 레아픔과기 쁨 을    수고 와 평화와안식 을
내가 살 아숨을쉬는 동 안    살피 신 다약속하셨 네
흘러 가 는순간순간 마 다    주님 약 속새겨봅니 다

# 37 낮엔 해처럼 밤엔 달처럼

미가엘
(구) 1088
(신) 1023

최용덕

G   G7   C   Am7   G   Em   Am/D   D7
낮 엔해처럼   밤 엔달처 럼 그렇 게 살 순없을 까   –
예 수님처 럼   바 –울처 럼 그렇 게 살 순없을 까   –

G   G7   C   G   D7   G   C/D
욕 심도없 이 어둔 세 상비추 어온전 히 남을 위 해살듯 이   –
남 을위하 여 당신 들 의온몸 을온전 히 버리 셨던것처 럼   –

G   G7   C   Am7   G   Em   Am/D   D7
나 의일생 에 꿈 이있 다 면 이땅 에 빛과 소금되 어   –
주 의사랑 은 베 푸는 사 랑 값없 이 거저 주는사 랑   –

G   G7   C   Am7   G   Em   Dsus4   D7
가 난한영 혼 지 친영 혼을 주님 께 인도 하고픈 데   –
그 러나나 는 주 는것 보다 받는 것 더욱 좋아하 니   –

G   G7   C   Am7   G   Em   Am/D   D7
나 의욕심 이 나의 못 난자아 가 언제 나 –커 다 란짐되 어   –
나 의입술 은 주님 닮 은듯하 나 내맘 은 –아 직 도추하 여   –

G   G7   C   Am7   G   D7   G
나 를짓눌 러 맘을 곤 고케하 니 예수 여 나를 도 와주소 서   –
받 을사랑 만 계수 하 고있으 니 예수 여 나를 도 와주소 서   –

# 내가 주인 삼은

전승연

미가엘
(구) 1926
(신) 1647
G      D/F#      Em      /D      C  G/B  Am
내가  주인삼은 – 모든것 내려놓고 –  내 주 되 신
G/D      D2      G      D/F#      Em      Em2/D
주앞 에 나가 –   내가 사랑했던 – 모든것 내려놓고 –
C      D7      1. G      2. G      D      G
주 님 만 사 랑 해 –      내가 –   주 사 랑
D/F#      Em7      C      G/B      Am7      D7      G
거친 풍랑에도– 깊은 바다처럼– 나를 잠잠케해– 주사 랑
D/F#      Em7      Am7      D7      G
내 영 혼 의 반 석 –   그 사 랑 위에 – 서 리 –

# 39 내가 먼저 손 내밀지 못하고

(오늘 나는)

최용덕

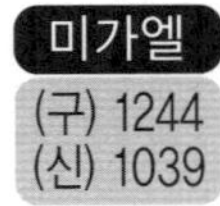

미가엘
(구) 1244
(신) 1039

내가먼저손내밀지 못 하고 –    내가먼저용서하지 못–하고 –
내가먼저섬겨주지 못 하고 –    내가먼저이해하지 못–하고 –
내가먼저웃음주지 못 하고 –    이렇 게 머뭇거리고있 네
내가먼저높여주지 못 하고 –    이렇 게 고집부리고있 네

그가먼저손내밀기 원 했고 –    그가먼저용서하길 원– 했고 –
그가먼저섬겨주길 원했고 –    그가먼저이해하길 원– 했고 –
그가먼저웃음주길 원 했네 –    나 는 어찌된사람인 가
그가먼저높여주길 원 했네 –    나 는 어찌된사람인 가

오    –간교한 나의입술이여 –    오    –옹졸한 나의마음이여 –
오    –추악한 나의욕심이여 –    오    – 서글픈 나의자존심이여
왜 나의입은 –    사랑을말하면서 –    왜 나의맘은 –    화해를 말하면서 –
왜 내가먼저 –    져줄수없는가 –    왜내가먼저 –    손해볼수없는가 –

# 내가 먼저 손 내밀지 못하고

G    G7    C    G    D7
오 - 늘    나 는    오 늘    나 - 는

G    Em    C    D7
주님앞에서 -    몸 둘 바모르 -    고 이렇게 흐느끼며서있 네

G    C    D7    G
어 찌 할 수없는이맘을 -    주님 께    - 맡긴채 로

# 40 내게 있는 향유 옥합

미가엘
(구) 613
(신) 1498

(옥합을 깨뜨려)

박정관

내게 있는 향유옥합 주께-가져 와

그 발 위에 입맞추고 깨뜨-립 니 다

나를 위해 험한산길 오르-신 그 발
나를 위해 십자가에 오르-신 예 수
주님다시 이땅위에 임하-실 그 때

걸음마다 크신사랑 새겨-놓 았 네
흘린피로 나의죄를 대속-하 셨 네
주의크신 사랑으로 날받아주 소 서

미가엘
(구) 1614
내 구주 예수님
(Shout To The Lord)
Darlene Zschech
41
내구주 예수님 주같은분-없-네- 내평생에
위로자 되시며 피난처되-신주님- 나의영혼
- 찬양하리 - - 놀라운주의사 랑 을
- 온맘다해 - 주를경배합 니 다
온땅이여-주님께-외쳐라- - 능력과위-엄의왕
-되신주- 산과바다-소리쳐- 주의- 이름
을---높이리 - 주행한일-기뻐노
-래하며- 영원히주님-을사랑 -하리라-
신실하신-주의약-속나받-았네-

42
내 눈 주의 영광을 보네
(모든 열방 주 볼 때까지)
미가엘
(구) 1742
(신) 1488
고형원
내 눈 주의 영광 을 보네 우리가운데 - 계신주 님
그 빛난영광 온하늘덮고 그 찬송온땅가 - 득 해 내
눈 주의 영광 을 보네 찬송가운데 - 서신주 님 주
님의얼굴은 온 세상향하네 권능의팔을드 - 셨 네 주의
영광 이곳에 - 가득 해 우린 서네 주님과 함 께 - - -
찬양하 며 우리는 전진 하 - 리 - 모든열 - 방주볼때까 지
하늘 아버지 - 우릴 새롭게 하사 열방 중에서 - 주를
섬 기게 하소서 - 모든 나라일어나 - 찬송부르며 -
영광의 주님을 - 보게하 - 소 서 주의
Fine
D.S

미가엘
(구) 1745
내 마음 다해
(My Heart Sings Praises)
Russell Fragar
43
내 마음 다해 - 주 이름 찬양 - 해 -
주 사랑 깊어 - - - - 말로 다 못 하 네
주 앞서 가며 - 길을 만드시 - 네 -
오직 내 갈망 - - - - 영원히 주 찬 양
내 맘에 힘이 되신 - 주 - 영원한 - 빛이 되 - 신 주 -
내 모든 호 흡이 주의 행하 - 심 찬 - 양해 -
주는 위대한 통치 - - 자 - 내 모든 것 주께 순복해 -
내 삶을 주의 불로 - 채우 - 소서 -

미가엘
(구) 1608
(신) 1840

# 44 내 마음에 주를 향한 사랑이

(십자가의 길 순교자의 삶 / The Way Of Cross The Way Of Martyr)

Stephen Hah

A    E/B    A/C#    D    F#/C#    Bm7
내마음에주를향한 사랑이 –    나의말엔주가주신 진리로 –
내입술에찬 – 양의 향기가 –    두손에는주를닮은 섬김이 –

E    E7    1. A    D/E    2. A
나의눈에주의눈물 채 워 주 소 서    서
나의삶에주의흔적 남 게 하 소

D/E    A    AM7
하나 님 의 사 랑 이 –    영 원 히 함 께 하 리 –

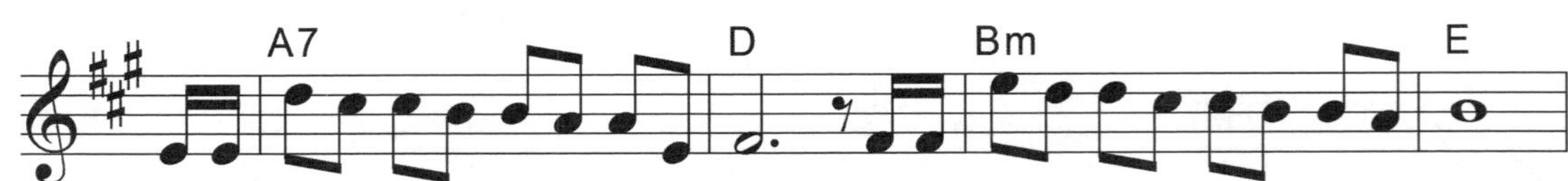

A7    D    Bm    E
십자 가의길을걷는자에 게    순교 자의삶을사는이에 게

E7    A    AM7
조 롱 하 는 소 리 와 –    세 상 유 혹 속 에 도 –

A7    D    Bm7    A/E    E7    A
주의 순결한신부가되리 라    내생 명    주님 께 드 리 리

# 내 마음을 가득 채운

(Here I Am Again)

Tommy Walker

미가엘
(구) 2241
45

E    G#aug7    C#m7    Bm7  E7    AM7    E/G#
내마음을가득채운 주향한찬양과사랑    어떻게표현할수
수많은멜로디와 찬양들을드렸지만    다시고백하기원

F#m7  B7sus4  B  E    G#aug7    C#m7    Bm7  E7
있 나    수 많 은찬양들로 그맘표현할길없어
하 네    주 님 은나의사랑 삶의중심되시오니

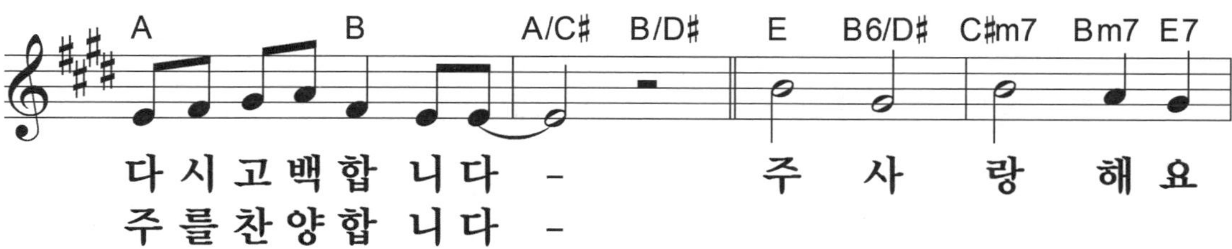

A    B    A/C#  B/D#    E  B6/D#  C#m7  Bm7 E7
다 시 고 백 합 니 다 -    주  사  랑  해 요
주 를 찬 양 합 니 다 -

A    B    F#m7    E/G#    A    B7sus4    E    D#7
온 맘 다 하 여  말 로 다 -할 수 -없 어 - 오 주

C#m7 Cm Bm7 E7 A    B    1.A/C#  B/D#    2. E
사 랑 해 요 찬 양 받 아 주 소 서 -    -
last time Fine

B    C#m7    A    E    F#m7    E/G#  A  E/B B
주님사랑다시고백 하는새날주심감사 해 - -요-
주님사랑다시고백 하는찬양주심감사 해 - -요-

46
내 모든 것 나의 생명까지
(주 임재 안에서)
설경욱

A    E/G#    F#m    /E    D    Bm    Esus4    E7
내 모 든 것 - - 나 의 생 명 - 까 지

A    E/G#    F#m    /E    D    D#dim    Esus4    E
다 주 님 앞에 - - 드 립 니 다

A    E/G#    F#m    /E    D    E/D    C#m7    F#7(b9)
주 임 재 안에서 - 이제 내 영혼 - 자 유 - 해 -

F#7    Bm7    E/D    C#m7    F#m    D    D#dim    Esus4    E
내 가 주의 거룩한 이 름을 높이며 예 배 하 리

A    E/G#    F#m    /E    D    A/C#    Esus4    E
어 린 - 양 찬양 하 - 리 - - 내 평생그하나로 - 충 분해요 - -

A    E/G#    F#m    /E    D    E    A
어 린 - 양 찬양 하 - 리 - - 내 가 주의임재안에 서

미가엘
(구) 1661

# 내 모든 삶의 행동 주 안에
### (Every Move I Make)

David Ruis

내모든삶의행동주안 에  주님안 – 에있네 나의숨쉬는순간들 도

내모든삶의걸음주안 에 – 내길도 – 주안에 나의숨쉬는순간들 도

라라라라 – 라라    라라라라 – 라라    자비와은혜의물결

어디서나주 – 얼굴 – 보네 – 주사랑 날붙드네

오 놀라운주 – 님의사랑    –

# 48 내 모습 이대로

(Just As I Am)

김지은

D2  D/F#  GM7  Asus4  A/C#
내 모습 이대로 - 사랑 하 시네 연약함 그대로 - 사랑

Gm/D  D2  D/F#  G2  Gm/B♭
하 시네 - 나의 모든발 - 걸음 - 주가 아 시 - 나니 -

1. D/A  Asus4  A  2. D/A
날 인도하 - 소서 - 내 모습 날 인도하 - 소 -

Asus4  A  A♭7(#11)  G2  D/F#
서 주의 날 개 - 아래 거하 - 는것 - 주의

G2  Am7  C/D D2  GM7  A/G
임 재 - 안에 거하 - 는것 - - - - 나의 가장큰 - 소망 - 나의

F#m7  Bm7  Em7  E7  G/A  A D/F#
가장큰 - 은혜 - 주와함께동 행 하 - 는 - 일 주의

G2  D2/F#  G2
날 개 - 아래 거하 - 는것 - 주의 임 재 - 안에 거하 - 는것

Am7  C/D D2  GM7  A/G  F#m7  Bm7
- - - - 나의 가장큰 - 소망 - 나의 가장큰 - 은혜 -

Em7  G/A  G/D  D2
주와함께동 행 하 - 는 일 -

# 내 백성이 나를 떠나

(여호와께 돌아가자 / Love Never Fails)

김준영 & 주민정

내백성이 나를 떠나- 돌아-섰지만 -
내사랑이 내 백성을- 포기-못하-니 - 내
모든것 내어주고 나그들-을 얻으리라 - 여호와-
께 돌아- 가자 - 우린돌 -아서도 그는변 -치않네 여호와-
께 돌아- 가자 - 우린넘어져도 그사랑 영원하 네 사랑-은
- 오래- 참고 - 자신-을 - 내어- 주네 - 서로사
-랑할때 세상은 주보네 사랑은 -절대지 -지않네 - 사랑-은
- 여호와- 께 돌아- 가자 - 우린돌 -아서도 그는변
-치않네 여호와- 께돌아-가자 - 우린넘어져도 그사랑 영원하 네

# 50 내 삶에 소망

(예수 닮기를)

심형진

내삶에 소망 - 내가바라는 - 한 분
온유하 시고 - 겸손하신 - - 성 품
예수 - 닮기 - 를 - 내가 - 원하 - 네 - 한없는 사랑 -
예수 - 닮기 - 를 - 내가 - 원하 - 네 - 자비하 시고 -
풍성한긍 휼 예수 - 닮기 - 를 - 내가 - 원하 - 네 -
위로자되시 는 예수 - 닮기 - 를 - 내가 - 원하 - 네 -
예수 - 닮 - 기를 - 예수 - 보 - 기를 - 예 수만 - 높 - 이길 -
내가 - 원하 - 네 - 내평 - 생 - 소원 - 예수 - 닮 - 기를 - 예
수만 - 닮 - 기를 - 내 가원 - 하 - 네 - 가원 - 하 - 네 -
완 전 하 신 예 수 새 롭 게 하 시 - 네 -
연 약 한 내 영 - 혼 - 온 전 하 게 되 - 리 -

미가엘
(구) 757
(신) 1797

# 내 손을 주께 높이 듭니다 51
(찬송의 옷을 주셨네)

박미래 & 이정승

내 손을주께높이 듭 니다 내 찬양받으실 주 님
내 맘을주께활짝 엽 니다 내 찬양받으실 주 님
슬 픔 대신희락 을 - 재 대 신 화 관을
근 심 대신찬송 을 - 찬 송 의 옷을주셨 네 내

# 내 아버지 그 품 안에서
(내 영혼은 안전합니다)

전은주

내아 버지- 그품 안에-서 - 내 영혼은- 안전합-니다 - 주손
길로- 내삶 을안으-시-니- 그 평강이-나를덮습-니다 - 나비록넘
어지며- 흔 들리지만- 주 내안에-거하-며 나 를붙드-시니-
내 생각을- 주 께로돌-리고 - 주시는평강의- 옷을입습-니다
- 주 약 속 안에서- 내 영혼 평안-해 내뜻보다
크 신주님의계획- 나 신뢰-해 두려움 다내 려놓고- 주님만
의 지 - 해 주안에서 내 영혼 - 안전합-니 다 -

# 내 안에 사는 이
## (Christ in me)

**53**

Gary Garcia

C  G/B  Am  /G  F  G  C  Gsus4 G7
내 안에 사는 이  예 수  - 그 리 스 도-니
C  G/B  Am  /G  F  G  C (C7)
Fine
나 의 죽 음 - 도  유 익  - 함 이 라
FM7  G/F  Em7  Am7  Dm7  G7  C B♭/C
나 의 왕  내 노 래  내 생 명  - 또 내 기 쁨
C7  FM7  G/F  Em7  Am7  B♭  F/A  C/G  Gsus4 G7
D.C.
나 의 힘  나 의 검  내 평 화  나 의 주  -

미가엘
(구) 2283
(신) 1628

# 54 내 안에 주를 향한 이 노래

(아름다우신)

심형진

Ab2  Eb/G  Db2
내 안에 - 주를향 한 이 노래    영원한노래있으 니
십 자가 - 그사랑 찬 양 하 리    날구원하신그사 랑

Ab2  Eb/G  Db2
날 향한 - 주님의 크 신 사 랑    영 원히찬양하리 라
내 삶을 - 드려찬 양 하 리 라    놀 라우신주의사 랑

Db2  Ebsus4  Eb  Ab2
영 원히찬양하리 - 라 - 아 름다 우- 신- 오 놀라

Fm7  Db2  Ebsus4  Eb
우- 신- 형 언할 - 수없는- 사 랑 - 오위대

Fm7  Db2  Bbm7  Db  1, 3. Ab
Fine
하- 신- 하 나님 의사랑 영원 히 찬양 - 하리 -

2. Ab  Db2  Ab2  Db2  Ab2
- 주와 같은분- 은 없 -네- 이세상 -그누- 구도 - 주와

Db2  Ab2  Db2  1. Eb  2. Eb  D.S.
같은분- 은없 -네- 누구도 -비길수-없네 - 주와 - 아름다

미가엘
(구) 674
(신) 1512
내 영이 주를 찬양합니다
55
정종원
내 영이 주 - 를 - 찬양합니 - 다 -
내 영이 주 - 를 - 찬양합니 - 다 -
내 영이 주 - 를 - - - 찬양합니 - 다 -
내 영이 주 - 를 - 찬양합니 - 다 -
Fine
기 - 뻐 - 하라 - 나의영혼아 감 - 사 - 하라
- 손을들고 - 송 - 축 - 하라 - 주를향해 - 외 - - 치라
- 기 - 뻐 - 하라 - 나의영혼아 감 - 사 - 하라
- 손을들고 - 송 - 축 - 하라 - 나의영혼 - 아 -
D.C.

56
내일 일은 난 몰라요
(I Know Who Holds Tomorrow)
Ira F. Stanphill
미가엘
(구) 825
(신) 1591

내 일 일 은 난 몰 라 요 하 루 하 루 살 아 요
좁 은 이 길 진 리 의 길 주 님 가 신 그 옛 길
만 왕 의 왕 예 수 께 서 이 세 상 에 오 셔 서

불 행 이 나 요 행 함 도 내 뜻 대 로 못 해 요
힘 이 들 고 어 려 워 도 찬 송 하 며 갑 니 다
만 백 성 을 구 속 하 니 참 구 주 가 되 시 네

험 한 이 길 가 고 가 도 끝 은 없 고 곤 해 요
성 령 이 여 그 음 성 을 항 상 들 려 주 소 서
순 교 자 의 본 을 받 아 나 의 믿 음 지 키 고

주 님 예 수 팔 내 미 사 내 손 잡 아 주 소 서
내 마 음 은 정 했 어 요 변 치 않 게 하 소 서
순 교 자 의 신 앙 따 라 이 복 음 을 전 하 세

내 일 일 은 난 몰 라 요 장 래 일 도 몰 라 요
내 일 일 은 난 몰 라 요 장 래 일 도 몰 라 요
불 과 같 은 성 령 이 여 내 맘 에 항 상 계 셔

아 버 지 여 날 붙 드 사 평 탄 한 길 주 옵 소 서
아 버 지 여 아 버 지 여 주 신 소 명 이 루 소 서
천 국 가 는 그 날 까 지 주 여 지 켜 주 옵 소 서

미가엘
(구) 2161
(신) 1976
내 주의 은혜 강가로
(은혜의 강가로)
오성주
내 주 의은혜강가 로  저 십 자가의강가 로
내 주 의사랑있는 곳 - 내 주의강 가 로
내 주 의사랑있는 곳 - 내 주의강 가 로
갈 한나의영혼 을 생수로 가득채우소 서
피 곤 한내영혼위 에 내 주 의은혜강가 로
저 십 자가의강가 로 내 주 의사랑있는 곳 -
내 주의강 가 로 내 주의강 가 로 -

# 58 내 평생 사는동안
(I will sing)

Donya Brockway

미가엘
(구) 1572
(신) 1258

내 평 생 사 는 동 안 주 찬 양 하 리
여 호 와 하 나 님 내 주 를 찬 양 하 리
주 님 을 묵 상 함 이 즐 겁 도 다
내 영 혼 주 안 에 서 참 기 쁘 리 -
내 영 혼 아 주 님 을 송 축 하 라 - - -
내 영 혼 아 주 님 을 찬 양 하 라 - -
내 영 혼 아 주 님 을 송 축 하 라 - - -
내 영 혼 아 주 님 을 찬 양 하 라 -

미가엘
(구) 1239
(신) 1638

# 너 어디 가든지 순종하라
(Wherever You May Go)

Stephen Hah

D    A/C#    Bm    F#m
너 어디 가 든 지    순 종 하 라
나 어디 가 든 지    순 종 하 리

G    D/F#    E    A
너 어디 있 든 지    충 성 하 라
나 어디 있 든 지    충 성 하 리

D    A/C#    Bm    F#m
주 너의 하 나 님    왕 되 신 주
주 나의 하 나 님    왕 되 신 주

G    D/F#    Em    A7    D
영 원 히 주 님 만    찬 양 하 라
영 원 히 주 님 만    찬 양 하 리

# 60 너는 담장 너머로 뻗은 나무

미가엘
(구) 1733
(신) 1977

(야곱의 축복)

김인식

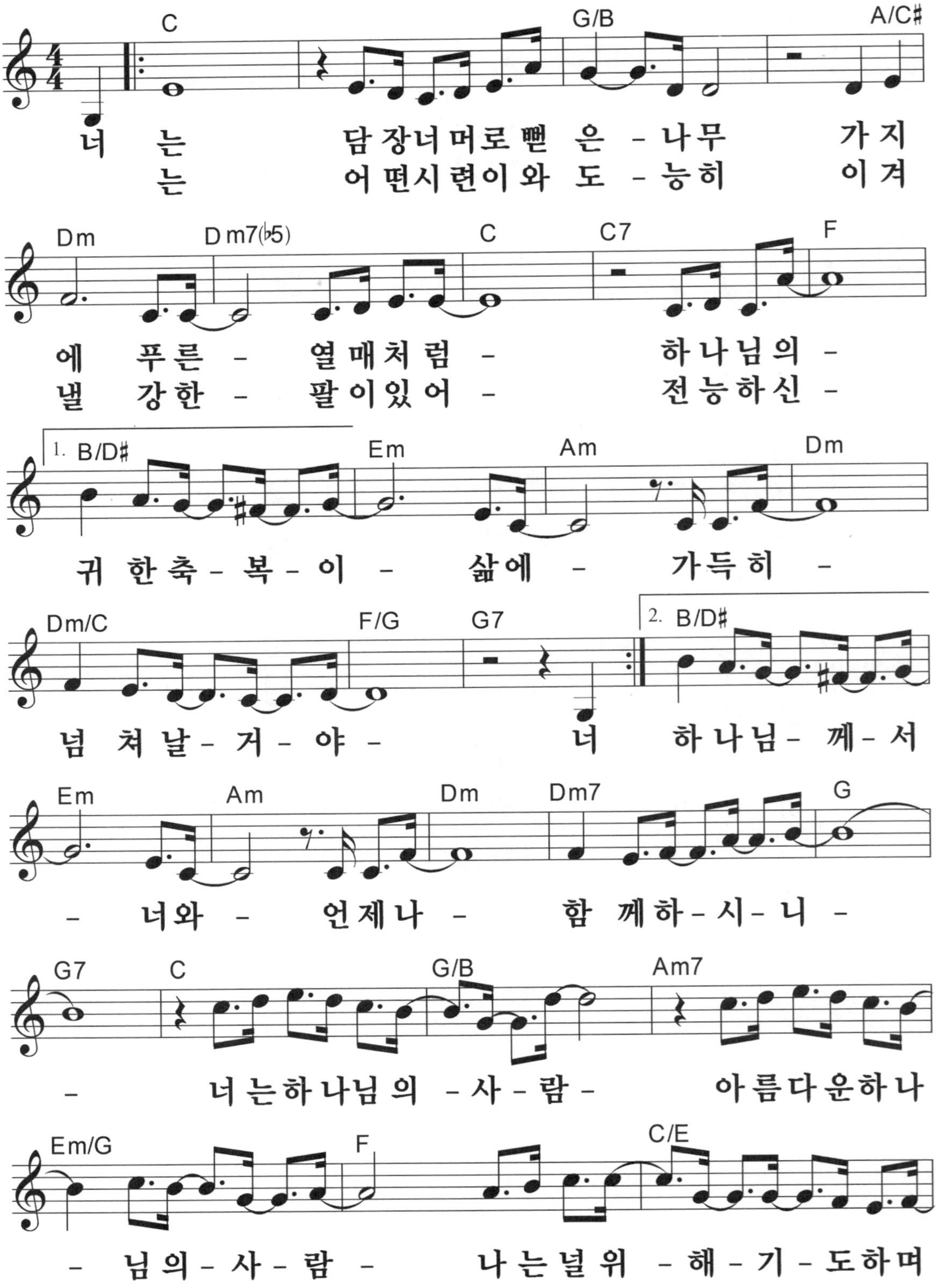

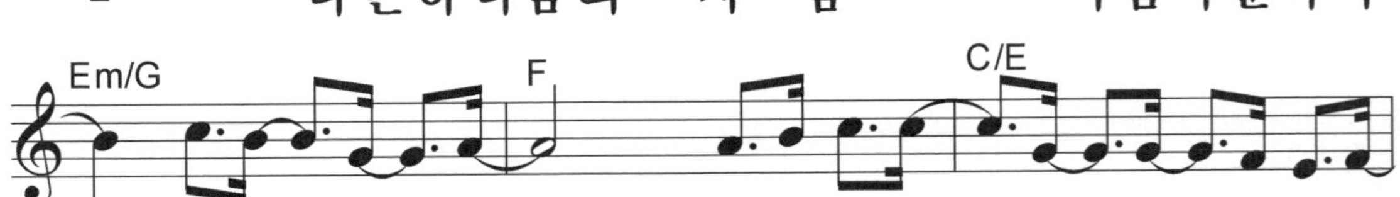

Dm7
G7
C
- 네 길 을 - 축 복 할 - 거 야 너 는 하 나 님 의
G/B
Am7
Em/G
F
- 선 - 물 - 사 랑 스런 하 나 - 님 의 - 열 - 매 - 주 의 품 에
C/E
Am
Dm7
G7
F/C
C
- 꽃 피 운 - 나 무 가 되 어 줘 - -

미가엘
(구) 1151
(신) 1562

# 너는 시냇가에

**61**

박윤호

E2
C#m7
F#m7
B7
E
너 - 는 시 냇 가 에 심 - 은 - 나 무 라
주 의 시 절 을 좇 아 구 원 열 매 맺 으 면
A2
E C#m
F#m7
B7
E
하 나 님 의 사 랑 안 에 믿 음 뿌 리 내 리 고
주 의 영 화 로 운 빛 - 너 를 보 호 하 리 니
A Am6
E/B C#m7
F#m7 B7
E2
주 의 뜻 대 로 주 의 뜻 대 로 항 - 상 사 세 요
주 의 뜻 대 로 주 의 뜻 대 로 항 - 상 살 리 라

# 62 너의 가는 길에

(파송의 노래)

고형원

너의 가는길-에주의평-강 있으리- 평강 의왕함께가-시 니 너의
가는길-에주의축-복 있으리- 영광 의주함께가-시 니 네가
1. 걸음걸음 주 인도하-시리 주의 강한-손널이끄-시 리 너의
2. 밟는모든땅- 주 님다스-리리 너는 주의-길예비케-되 리
- 주 님나라위-하 여 길떠 나는 나의형-제 여
주 께 서가라-시 니 너는 가라 주의이름으로 -
거칠 은광야위에- 꽃 은 피어나고- 세상 은네안에서-
주님의 영광보리라-강하고 -담대하 라 세상 이기신주늘함 -께-
너와 동행- 하시 며 네게 새힘 늘- 주시 리 -

# 너의 하나님 여호와가

(스바냐 3장 17절)

김진호

미가엘
(구) 598
(신) 1466
63

너 의하나님여 호와 가 너 의가운데계시니 -
그 는구원을베 푸실전능자 전능자시-라 -
그 가너로인하여 기쁨을 이기지못하시며 -
너를잠 잠-히사 랑 하 시--며-----
즐거이 부르며기 뻐 기뻐하시리라 -

64
놀라운 주의 사랑
(Beautiful One)
Tim Hughes

놀 라운 주 의 사랑 영원 하시 도 –다  십자
주 님의 크 신 영광 온 하 늘을 덮 –고  만

가 자비 로나 타내 셨네  그 누 구도 그
물 이주 의능 력을 보네  아 름 다운 주

무 엇도 깨 닫 지못 하 –리  아 름 답고 영
의 위엄 내 영 혼깨 어 –서  노 래 하네 놀

화 로우 신주  아름다 우 신
라 우신 주를

주 –사랑하고 경 배 해 멈출수없 는

내 노– –래  주를 –향해–내눈여
Fine

–셨 네– 날붙 –드시는–그 사 –랑  그어

-느누가 -내 주 -와 같 - 으리 -
-느누가 -내 주 -와 같 -으 리 -
내 영 -노 래 -하 리 -      내 영
-노 래 -하 리 -      내 영 -노 래 -하 리
-     예 수 님 께 - -          아 름 다

# 65 다 와서 찬양해
### (Come On And Celebrate)

미가엘
(구) 1216
(신) 1535

D. Bankhead & Patricia Morgan

다 와 서 찬 양 해 -   사 랑 을 주 신 주 찬 양 해 -

사 랑 의 우 리 주 - 님 -   생 명 주 셨 네 -

소 리 쳐 찬 양 해 -   기 쁨 을 주 시 는 우 리 왕 -

찬 양 의 제 사 드 리 며 -   주 님 께 경 배 해

다 와 서 찬 양 해 -   찬 양 해 -   찬 양 해 - 주 님

1. 찬 양 해 주 님 우 리 왕 -

2. 찬 양 해 주 님 우 리 왕 - -

# 다 표현 못해도

(그 사랑 얼마나)

설경욱

다 표현못해도 - 나 표현하리라 - 다 고백못해도-
나 - 고백하리라 - 다 알수없어도 - 나 알아가리라 -
다 닮지못해도 - 나 - 닮아가리라 - 다 닮아가리라
- 그 사 랑 얼마나 - 아름 다운지 - 그 사 랑 얼마나 - 날
부요케하 는지 - 그 사 랑 얼 마 나 - 크고 놀라운지를 -
그 사 랑 얼 마 나 - 나를 감 격 하게하 는 지

# 67 당신은 사랑받기 위해

미가엘
(구) 1584
(신) 1574

이민섭

당신 은 사랑받기위 - 해 태어난사람 - 당신
의삶속에서 - - 그사랑 받고있지요 - 당신 받고있지 - 요
태초부터 - 시작된 하나님 - 의사랑은 - 우리
의 만남 - 을통해 - 열매를맺고 - 당신이이세상 - 에존
재함으로인 - 해 우리 에게얼마나 - 큰 기 쁨이되는지 -
당신은사랑받 - 기위해 태어난사람 -
지금도그사랑 - 받고있지요 - 받고있지요 - 당신

# 당신은 영광의 왕

(You are the King of glory)

Mavis Ford

미가엘
(구) 742
(신) 1699

68

당 신은영 광 의 - 왕    당 신은평 강의 왕
당 신은하 늘 과 땅의주    당 신은정의의아 들
천 사가무 릎꿇 - 고    예 배하며 경 배 하 네
영 원한생 명 말 - 씀    당신은예수 그리스도 주
호 산나다윗의 - 자 손 - 께    호 산나불러왕 중의 왕
높은하늘엔    영 광 - 을 -    예 수주메 시 아 - 네

# 69 당신은 지금 어디로 가나요

(예수 믿으세요)

김석균

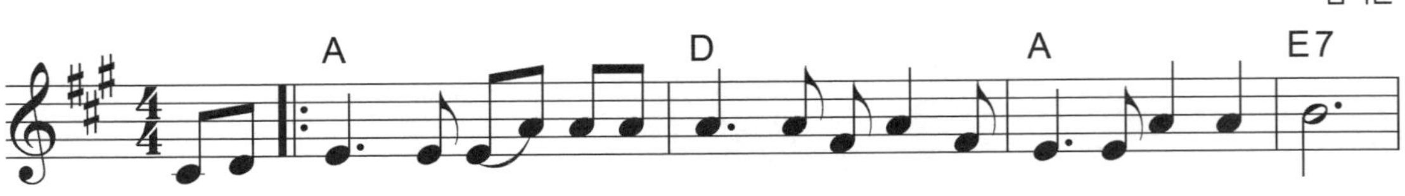
당신 은 지금 - 어디 로 가나요 발 걸음 무겁 게
은 오늘 - 누굴 만 났나요 위 로 받았 나 요
를 믿고 - 새롭 게 되니 - 기 쁨 이 넘쳐 요

이세 상 어디 쉴곳 있 나요 - 머 물 곳 있 나 요
이세 상 누가 나를 대 신하여 목 숨 버렸 나 요
어둠 걷 히고 새날 이 되니 - 행 복 이 넘 쳐 요

예수 안 에는 안식이 있 어요 평 안이 넘쳐 요
고통 의 멍에 벗어 버리 세요 예 수 이름으 로
이전 에 없던 평안을 얻 으니 찬 송이 넘쳐 요

십자 가 보혈 믿는 자 - 마다 구 원을 받아 요
마음 문 열고 주님 맞으 세요 기 쁨이 넘 쳐 요
샘솟 는 기쁨 전해 주 - 어요 예 수 이름으 로

예 - 수 믿으 세요 - 예 - 수 믿으 세요 -

예 - 수 믿으 세요 - 예수 믿 으세 요 당신
예수

3.A
D
F#m
E7
요 주를 믿 는자 그는 행복해요 – 영원 한 생명 얻으 니 하나
A
D
F#m
E7
1.A
2.A
님 나라 그의 것이 라 – – 어서 예수믿 으세 요 주를 요

미가엘
(구) 1758
(신) 1598

# 당신은 하나님의 언약안에

(축복의 통로)

70

이민섭

E
B/D#
C#m7 /B
A
F#m
B sus4 B 7
당신은 – 하나님 – 의     언약 안에 – 있는축복의 – 통 로

E
B/D#
C#m7
/B
A
B7
E
당신을 – 통하여 – 서 열방이 –    주께 – 돌아오게되 리
주께 – 예배하게되 리

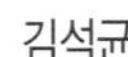

71
당신의 그 섬김이
(해같이 빛나리)
김석균
미가엘
(구) 1854
(신) 1069
A        F#m        D        Esus4   E
당신 의  - 그섬김 이  천국 에서 해같이빛나 리
당신 의  - 그순종 이  천국 에서 해같이빛나 리

A        D        E        E7        A
당신 의  - 그겸손 이  천국 에서 해같이빛나 리
당신 의  - 그사랑 이  천국 에서 해같이빛나 리

A        F#m        D        Esus4   E
당신 의  - 그믿음 이  천국 에서해같이빛나 리
당신 의  - 그찬송 이  천국 에서해같이빛나 리

A        D        E        E7        A
당신 의  - 그충성 이  천국 에서 해같이빛나 리
당신 의  - 그헌신 이  천국 에서 해같이빛나 리

E        A        D        E7
주님이기억하시면 족하 리     예수님사랑으로 가득한모습

A        D        Dm/F        A        E        A
천사도흠모하는 아름다운그 모습 - 천국 에서해같이빛나 리

미가엘
(구) 1095
(신) 1642

# 당신이 지쳐서

(누군가 널 위해 기도하네 / Someone Is Praying For You)

Lanny Wolfe

**72**

당신 이 지쳐 서 -기도 할수 없 고 눈물 이 빗물 처럼-
당신 이 외로 이 -홀로 남았 을 때 당신 은 누구 에게-

흘 러내릴 때 주님은 우리 연약 함 을 아시 고
위 로를얻 나 주님은 우리 상한 맘 을 아시 고

사 랑으 로 인 도 하 시 네 - 누 군 가
사 랑으 로 인 도 하 시 네 -

널 -위 하 여 - 누 군 가 기 -도 하 네

- 네가홀 로 외 로워 서 - 마음 이 무너질 때

누 군 가 널위 - 해 기 도 하 네 -

73
따스한 성령님
(부르신 곳에서)
미가엘
(구) 2256
(신) 1597
김준영 & 송은정

따스한 성령 -님- 마음으-로보네 - 내몸
사랑과 진리 -의- 한줄기-빛보네 - 내몸

을 감싸며 - 주어 지는평-안함- 만족함- 을느끼
을 감싸며 - 주어 지는평-안함- 그사랑- 을느끼

네 부르신곳에서 - 나는예배하네 - 어떤상황에도

- 나는예배하네 - 부르신곳에서 - 나는예배하네

- 어떤상황에도 - 나는 예배 하네 -
Fine

내가 걸어갈- 때길- 이되-고 살아갈- 때삶- 이되-는그

곳에서 - 예배-하네 - 내가

# 따스한 성령님

B♭M7  C/B♭  A m7  D m7
걸 어 갈 - 때 길 - 이 되 - 고    살 아 갈 - 때 삶 - 이 되 - 는 그
E♭  C sus4  C  F/A  D.S. al Fine
곳 에 서 -    예 배 - 하 네 -    부 르 신 곳 에 서

# 74 두 손 들고 찬양합니다

(I Lift My Hands)

Andre Kempen

미가엘
(구) 1263
(신) 1263

두 손들고 찬양 합니다 다시 오실왕
여 호와께 오직 주만 이 나 를 다스리 네 -
나 주님만을 섬 기리 - 헛된마음 버 리고 -
성령이여 내 영혼 - 충만하게 하 소서 -
주 님앞 에 내생 명 드리리 라 -

미가엘
(구) 1624
(신) 1882

# 마음이 상한 자를

(He Binds The Broken-Hearted)

**75**

Stacy Swalley

마음이상 - 한자 - 를 고 치 시는 - 주 님 -
성 령으로 - 채우 - 사 주 보게하 - 소 서 -

하 늘의 - 아 버 - 지 날 주 관하 - 소서 - -
주 의임 - 재속 - 에 은혜 알게하 - 소서 - -

주 의 길로 - 인 도 - 하사 자 유 케하 - 소서 -
주 뜻 대로 - 살아 - 가리 세 상끝날 - 까 지 -

새 일 을행하 - 사 부흥 케 - 하 - 소서 -
나 를 빚으 시 - 고 새날 열 어주 - 소서 -

의에 주 리고 - 목이 마 르니 - 성령의 - 기름 - 부으 - 소 서

의에 주 리고 - 목이 마 르니 - 내 잔을 - 채워 - 주소 서

# 76 마지막 날에

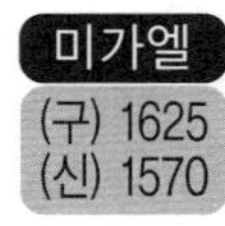

미가엘
(구) 1625
(신) 1570

이 천

마 지 -막- 날- -에- 내 -가-
나의 -영- 으 로 모 -든- 백 성
에 게 - 부 -어- 주 리 라 - -
자녀들은 예 언할-것이요 청년들은 환 -상-을보고
아비들은 꿈 을꾸- -리라 주의영이임하 -면 - -면-
성 령 - 이 여 - 임 -하소서 -
성 령 - 이 여 -우리에게 임하소서 -

미가엘
(구) 891
(신) 1411

# 많은 사람들
(난 예수가 좋다오)

김석균

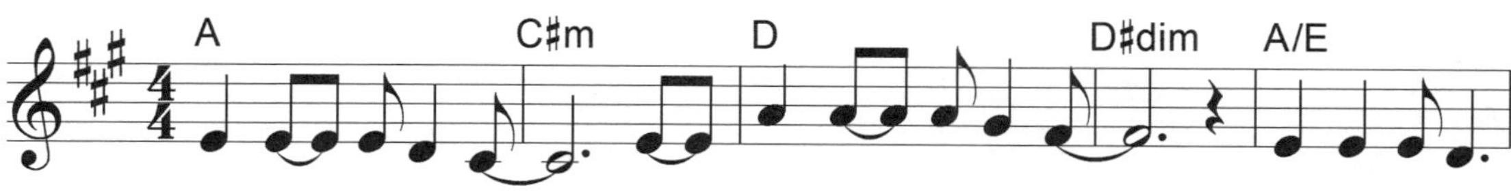

A        C#m       D              D#dim   A/E
많 은-사람 들 - 참된 진 리를모른채 - 주님곁을
무 거운짐진자 - 다- 내 게-로오라 - 내 가너를
그 대-가만 일 - 참된 행 복을찾거든 - 예수님을

F#m              E sus4    E7        A              C#m
떠 나갔 지만 - - 내가만난주님-은 - 참
쉬 게하리라 - - 이길만이생명의길 - 참
만 나보세요 - - 그분으로인하-여 - 참

D              D#dim   A/E        E7            A D A
사 랑-이었고 - 진리였고 소 망이었소 - -
복 된-길이라 - 항상내게 들 려주셨소 - -
평 안을얻으면 - 나와같이 고 백할거요 - -

A                    F#m              D
난        예수가좋 다 오 - - 난- -

B 7/D#              E sus4    E7        A              A7
예수가좋 다 오 - - 주를 사 랑 한 다던 -

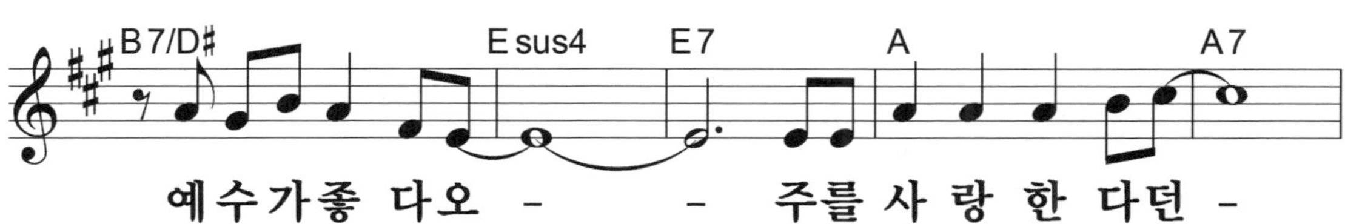

D                    Dm    A/E E7            A D/A A
베 드로고백 처 럼 - 난       예수를사랑한다 오 -

# 78. 많은 이들 말하고

(다시 복음 앞에)

김영표

C  F/C  G/B  C 9/E
많은 이들말 - 하고 - 많은 이들노 - 래는 - 하지 - 만정
F  F M7/G  G7  C  F/C
-작 -  가지 않는 길 - 두려 운생각 - 보다 -  많이
G/B  C 9/E  F  F M7/G  G7
힘들고 - 험한 - 길보 - 단그 -저 -  말로 만가려 - 기에 - 점
F  G/F  Em  Am  Dm7  Gsus4  G7
점 멀어 - 져 만 가네 -  내게 생명주 - 었던 - 그길 -  점
F  G/F  Em  Am  Dm7  /C  Gsus4  G7
점 이용 - 하 려 하네 -  내게 사랑주 - 었던 - 그 길  다시복
C  Em  F  G  C  C7
음 앞에 -  내영혼 서네 -  주 님 만난 그 때  나다시
F  G/F  Em  Am  Dm  G  C
돌아가 - 주님께예 - 배 드리 - 며 - - 다시 십자가 - 의길 - 걸으 리

미가엘
(구) 1098
(신) 1850

# 먼저 그 나라와 의를
(Seek Ye First)

79
Karen Lafferty

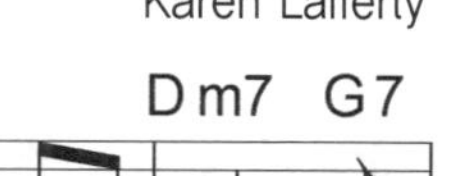

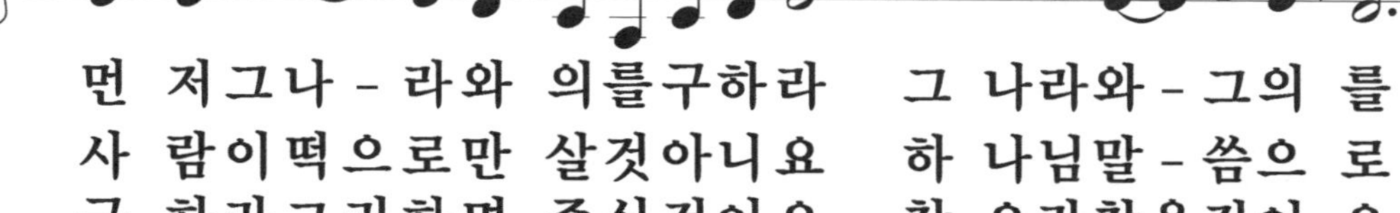

먼 저그나 – 라와 의를구하라    그 나라와 – 그의 를
사 람이떡으로만 살것아니요    하 나님말 – 씀으 로
구 하라그리하면 주실것이요    찾 으라찾을것이 요

그 리하면 이 – 모 – 든것을    너희에게더 하시 리 라
그 리하면 이 – 모 – 든것을    너희에게더 하시 리 라
두 드리라 문이 열릴것이니    할 – 렐 – 루 할렐루 야

할 렐 루 야 할 렐 루 – 야

할 렐 루 야 할렐 – 루할렐루 야

# 80 매일 스치는 사람들

(그들은 모두 주가 필요해 / People Need The Lord)

Phil McHugh & Greg Nelson

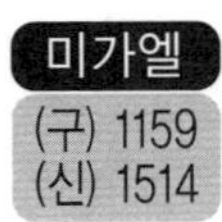

미가엘
(구) 1159
(신) 1514

매 일 스 치 는 사 람 들 -    내 게 무 얼 - - 원 하 나 -
캄 캄 한 - 세 상 에 서 -    빛 으 로 - - 부 름 받 아 -

공 허 한 그  눈 빛 은    무 엇 으 로 채 우 나
잃 어 버 린  자 들 과    나 누 라 고 하 시 네

모 두 자 기  고 통 과 -    두 려 움 - 가 득
주 의 사 랑  으 로 만 -    사 랑 할 수 있 네

감 춰 진 울 음 소 리 -    주 님 들 으 시  네 - -
우 리 가 나  눌 때 에 -    그 들 알 - 겠  네 - -

그 들 은  모 두    주 가 필  요 해

깨 지 고  상 한 마 음    주 가 여 시  네 - -

C        Dm        C/E        F
그들은 모두        주가필요해
G   G/F   C/E   F C/E Dm7   G        C
모두 알게 되리        사랑의 주 님

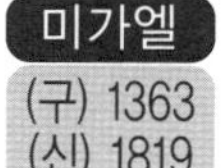

미가엘
(구) 1363
(신) 1819

# 모든 이름 위에 뛰어난 이름 *81*

고형원

D        F#m        Bm /A        G  Em        Asus4 A7
모든 이름위 – 에뛰어난 – 이 름   예수는 주   예수는 주

D        F#        Bm        /A   G   A        D   G/A
모두 무릎 꿇 고 경 배를드리세 예 수 는 만유의 – 주 님

D        F#m        G   A        D   D7
예수는 주   예수는 주        온 천 하만물우 – 러 러

G   A/G   F#7        Bm   G   A   G   A        G/D   D
그 보 좌앞 영 광을돌리 – 세 예 수 예수   예수는 – 주        –

# 82 모든 능력과 모든 권세

(Above All)

미가엘
(구) 1648

Lenny LeBlanc & Paul Baloche

모든능 - 력 - 과 모든권 - - 세 - 모든것 - 위 - 에뛰어
- 나신 - 주님 - 세상이 측량 - 할수 - 없는 - 지혜 - - - 로
모든만 - 물창 - 조하 - 셨네 - 모든나 - 라 - 와 모든보 -
- 좌 - 이세상 - 모든 - 경이 - 로움 - 보다 - 이세상
모든 - 값진 - 보물 - 보다 - - - - 더욱귀 - 하신 - 나의 - 주님
- 십 자가 - 고 통당 - 하사 - 버림 받고 - 외
면당하 - 셨네 - 짓밟힌 - 장미꽃 - 처럼 - - -
나를 - 위해 - 죽으셨네 - 나의 - 주

미가엘
(구) 1522
모든 민족에게
(모든 영혼 깨어 일어날 때 / Great Awakening)
83
Ray Goudie, Dave Bankhead & Steve Bassett

모 든 민 족 에 게 - - 주 성 령 부어주소 서 - - -
모 든 열 방 에 게 - - 주 성 령 부어주소 서 - - -

하 나 님 의 백 성 - - 주 의 말씀주시고 -
영 광 중 에 오 사 - - 주 경 외하게하시고 -

꿈 과 환 상 주 사 - 주 의 비밀알리소서 - - -
크 신 능 력 으 로 - 땅 과 하늘흔드소서 - - -

우 리 믿 사 오 니 - 하 늘 이주의날선포 - 케하소서 -
주 를 기 다 리 니 - 만 물 이주의날을보 - 게하소서 -

그 날 엔주 - 의영이 임 하 여 - 큰 부흥이 - 땅 위에 일

- 어 나 리 라 모 든 영혼 - 깨 어 일 어 날 때 -

주 예 수 를 - 부 르 는 자 는 - 구 원 되 리 - - -

# 84. 모든이들 필요해

(내 주는 구원의 주 / Mighty To Save)

Reuben Morgan & Ben Fielding

모든이들필요 -해  완전한주사 -랑-  자
내실 -패와두려 -움  주받아주소 -서-  날

비 베 푸소-서 -  모든이 들 필요 -해- 구세-주의온유
채 우 소 - -서 -  내삶 -을주께드 -려- -온전히주따르

-함-  열 방 의 소 망 -
-리-  주 께 순 종 해 -

예 수 산을옮기- 시 는  내주는 능력의주- 그는 구원의주-  영

원 한 구원의창 조자  사망을 이기시고- 예수 부활했네 -

예 수산을옮기- 시 는  내주는 능력의주- 그는 구원의주-  영

원 한 구원의창 조자  사망을 이기시고- 예수 부활했네 -

*Fine*

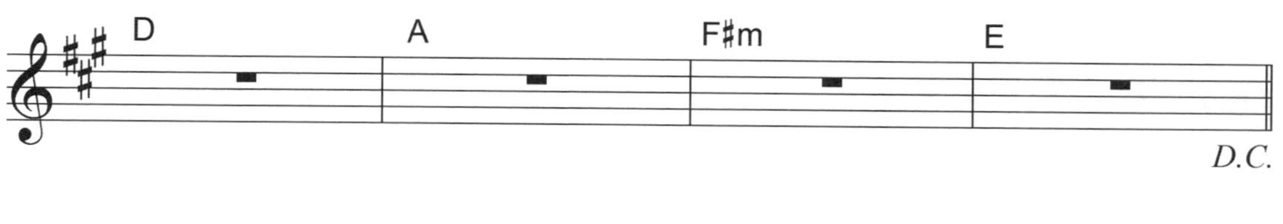
D
A
F#m
E
D.C.

D
A
E
F#m
D
A
비추소서 주님의빛 -을 - 찬양-해 다시사신 왕의영광
E
F#m
D
A
E
F#m
-을 - 예수 비추소서 주님의빛 -을 - 찬양-해
D
A
E
다시사신 왕의영광 -을 -
D.S. al Fine

# 85 모든 상황 속에서

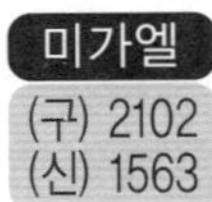
미가엘
(구) 2102
(신) 1563

김영민

모든상황속– 에 서    주를찬양할– 지 라
주는너의큰– 상 급    큰도–움이– 시라 –
주의얼굴구– 할 때    주의영을부– 으 사
크신사랑안– 에 서    주를보게하– 소서 –
내 영혼이– 확 정 되고– 확 정되었– 사오 –니– 믿
음의눈들– 어 – – 주를 바라봅– –니다 내 영혼이–확정되고– 확
정되었– 사오–니– 믿 음의눈들– 어 – – 주를 바 라봅– 니다
주를 찬양할–때주의나–라 이미임–했네 그–
영원한–나–라 보게하–소–서 – –내

미가엘
(구) 608
(신) 1830

# 목마른 사슴
## (As The Deer)

Martin Nystrom

D    A/C#    Bm    D/A    G    A7    D
목 마 른 사 슴 시 냇 물 을 찾 아 헤 매 이 듯 이
금 보 다 귀 한 나 의 주 님 내 게 만 족 주 신 주

D    A/C#    Bm    D/A    G    A7    D    A/C#
내 영 혼 주 를 찾 기 에 - 갈 급 하 - 나 이 다
당 신 만 이 - 나 의 기 쁨 또 한 나 의 참 보 배

Bm    Bm/A    G    D/F#    G    Em    F#
주 님 만 이 - 나 의 힘 나 의 방 패 나 의 참 소 망

D    A/C#    Bm    D/A    G    A7    D
나 의 몸 정 성 다 바 쳐 서 주 님 경 배 합 니 다

# 87 민족의 가슴마다

(그리스도의 계절)

김준곤 시, 박지영 정리 & 이성균

미가엘
(구) 1880
(신) 1700

민족의 - 가 슴 마다 피묻 은 그리스도를 - 심 어 이땅
에푸르고 푸른 - 그리 스도의계절 - 이 - - 오게하소 서  서
이땅에 - 하나님 - 의나라가 - 이뤄지 게하옵 - 소 서
모든 사 람의마 - 음과 - 교회 와가정 - 에도 - - 하나님 나라가 -
임 하게 하여주 - 소 - 서 - 주의 청 년들이 - 예수의 꿈 을꾸고 -
인류 구원의 - 환상을 보게하 - 소 - 서 - 한 손엔 복 음들고 -
한손엔사랑을들고 - 온땅 구석구석누비 - 는 나라 - 되게하소 서
서  이땅 구석구 - 석에 - 서 - 예수를주로 고백 하게하 - 소 - 서 -

하늘의뜻이땅에 이뤄주-소-서-주의 나라-되게하소 - 서 - -

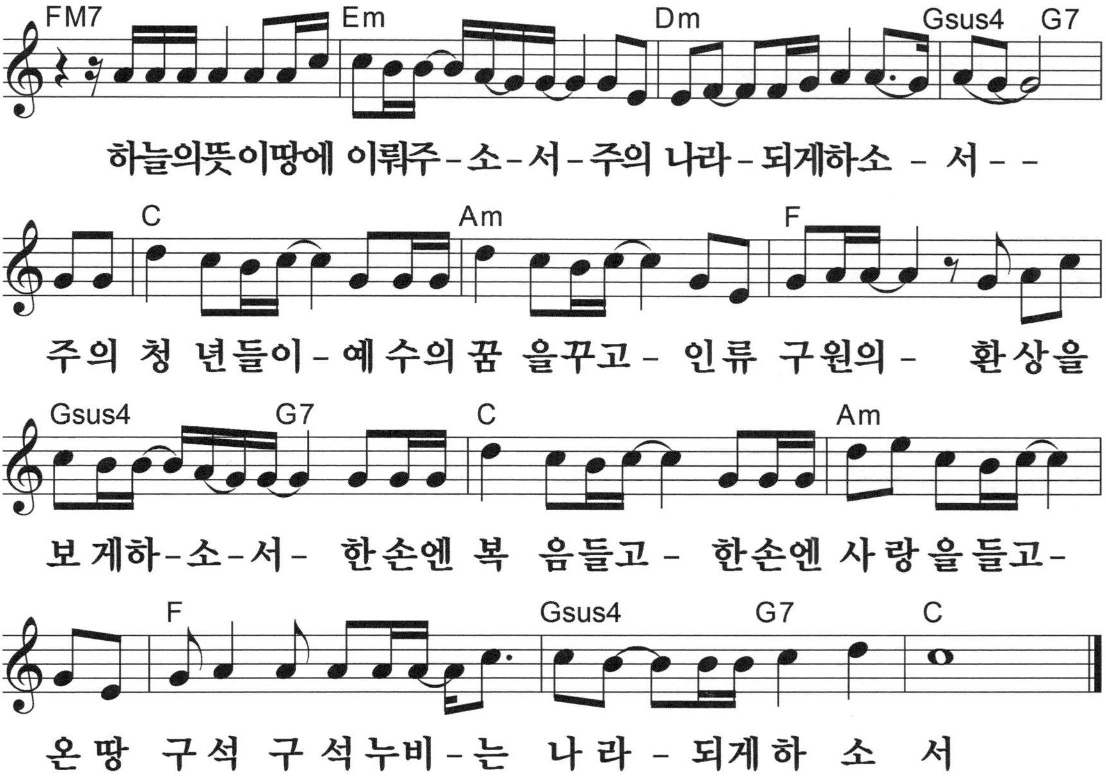

주의 청 년들이 - 예수의꿈 을꾸고 - 인류 구원의 -  환상을

보게하-소-서- 한손엔 복 음들고 - 한손엔 사 랑을 들고-

온 땅 구 석 구 석누비-는 나 라 - 되게하 소 서

미가엘
(구) 1254
(신) 1890

# 무화과 나뭇잎이 마르고

(Though The Fig Tree)

Tony Hopkins

무화과 나 뭇 잎 이 - 마 르고 - 포도 열 매가없 으며 -

감 람 나무열매 그 치고 논밭에 식 물이없 어도 -

우리에 양 떼 가 없 으며 외양간 송 아지없 어도 -

난 여호와 로 즐거워하리 난 여호와 로 즐거워하리

난 구 원의하 나 님 을 인해 기 뻐 하 -리라 -

미가엘
(구) 1288
(신) 1799

# 반드시 내가 너를

박이순

Dm          A7      Dm                      C7      A7
반 드시내가너를 축복하리라     반 드시내가너를 들어쓰리라

Dm          A7      Dm      A7              Dm
천 지는변 해도 나의약속은     영 원히변치않으 리
세 상의소 망이 사라졌어도     온 전히나를믿으 라

F           Bb  C7  F   Bb      C7      F
두 려 워 말 라 강하 고 담대하 라     낙 심 하 며 실망치말라
두 려 워 말 라 강하 고 담대하 라     인 내 하 며 부르짖으라

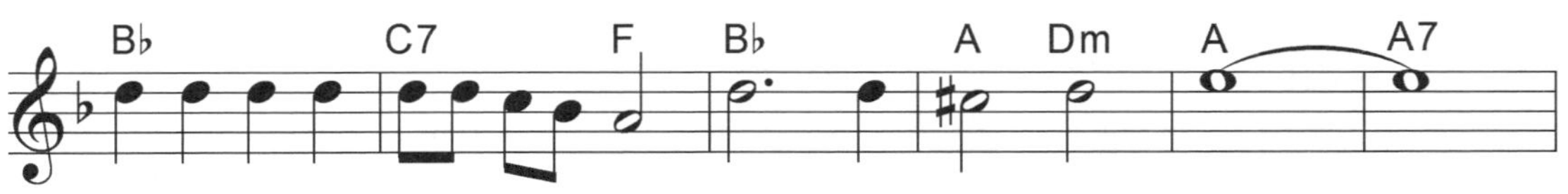

Bb          C7      F   Bb      A   Dm  A       A7
낙 심 하 며 실망치말라 실 망 치 말 라 -
인 내 하 며 부르짖으라 부 르 짖 으 라 -

Dm          A7      Dm                      F   A7
네 소원이루는날 속히오리니     내 게 영광돌리 리
영 광의그 - 날이 속히오리니     내 게 찬양하리 라

Dm          Gm7                 A7              Dm
네 소원이루는날 속히오리니     내 게 영광돌리 리
영 광의그 - 날이 속히오리니     내 게 찬양하리 라

# 90 보소서 주님 나의 마음을

(주님 마음 내게 주소서)

Ana Paula Valadao

미가엘
(구) 2221

C        G/B
보 - - 소서 - 주님 - - 나의마음을 - - 선 - 한것하

Am7        D sus4   D   C        D
- 나   없 습 니 다 -   그 러 나내 - 모든 - 것 - 주

G  D/F♯  Em      Am7      G/B      Am7
께 드립니 - 다 -   사 랑으로 - 안으시고 -   날새롭 - 게

1. D sus4   D   G/B   2. D sus4   D   G
하소서 -   보 - - 소서   하소서 -   주님마 - 음내 - 게주 - 소서

CM7   Am7   D/F♯ G      Dm7 G/B   CM7   D   D/C
- 내아 - 버지 -   주님마 - 음내 - 게주 - 소서 -   나를향하신 - 주님

Bm7      Em      Bm7      Em   Am   G/B   C   C/D
의 뜻이 -   이 루어지 - 도록 -   주님마 - 음내 - 게주 - 소서

G      D      Em
-   내 게사랑 - 을가 - 르치 - 소서 -

D
G
당신 의마음 - 으로 - 용서 하게하 - 소서 -
Am7 D Bm7 Em
주의성 - 령내 - 게채 - 우사 주의길 - 가게 - 하소 - 서
Em D Am7 C/D 1. G 2. G E7
- 주 님 당신마음 주소서 - 주소서 -
A A/C# DM7 Bm7 E/G#
주님마 - 음내 - 계주 - 소서 - 내아 - 버지 -
A Em7 A7 DM7 E E/D C#m7 F#m
주님마 - 음내 - 계주 - 소서 - 나를향하신 - 주님 의 뜻이 -
C#m7 F#m Bm A/C# D E7 A
이 루어지 - 도록 - 주님마 - 음내 - 계주 - 소서 -

# 91 보라 너희는 두려워 말고

미가엘
(구) 1760

이연수

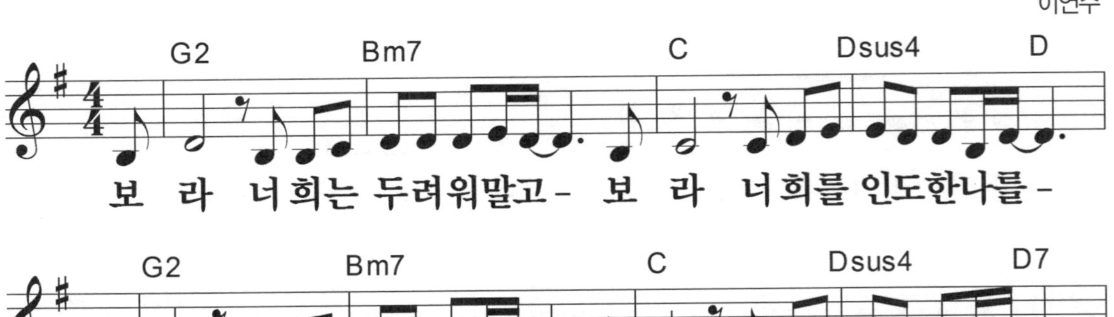

G2  Bm7  C  Dsus4  D
보 라 너희는 두려워말고 - 보 라 너희를 인도한나를 -

G2  Bm7  C  Dsus4  D7
보 라 너희는 지치지말고 - 보 라 너희를 구원한나를 -

C  G/B  Am9  D  Bm7  Em7
너 희를 치던 적은 어디있느냐 - 너희 를억누르던 - 원수는

C  D7  G2  Bm7  Em7
어디있느냐 - 보 라 하 나님 구원을 - 보 라

Dm  G7  C2  C  Cm/E♭
하 나 님 능력을 - 너희를 위 해 서 싸 우 시 는 -

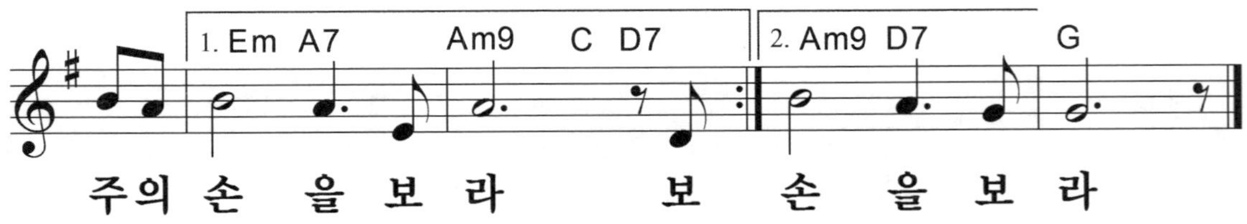

1. Em  A7  Am9  C  D7  2. Am9  D7  G
주의 손 을보라 보 손 을보라

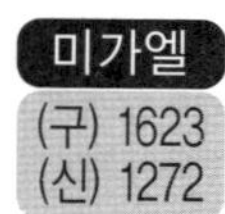

미가엘
(구) 1623
(신) 1272

# 보혈을 지나

92

김도훈 & 송정훈

보 혈을지-나 - 하 나님품으로- 보 혈을지-나 -
아버 -지 품으로- 보 혈을지-나 - 하 나님품으로-
한걸 음씩 나 - 가네 - 보 - 존귀 한
주보 혈이- 내영 을 새롭게-하시 -네 존귀 한
주보 혈이 - 내영 을 새롭게 - 하네 -

93
보혈 세상의 모든
(예수의 피 밖에 / Nothing But The Blood)
Matt Redman
보 혈 세상의 - 모든 - 헛된외침 - 보다
- 능력있는 - 말씀 - 날의롭다 - 하며 - 날보호하 - 시네
- 예수의 - 보혈 -
우리 죄 - 를 씻
우릴 정 - 결 케
- 기 고 - 다시온 - 전 케 - 하 는 - 예수피밖에 -
- 하 여 - 친구되 - 게하 - 기 는 - 예수피밖에 -
예수의피밖 - 에 없 - 네
없 - 네
십 자 가 은 혜의 - 증 거 - 주마음알 - 게해
- 우리길되 - 시 네 - 담대하나 - 가 네 - 세상의지 - 않고

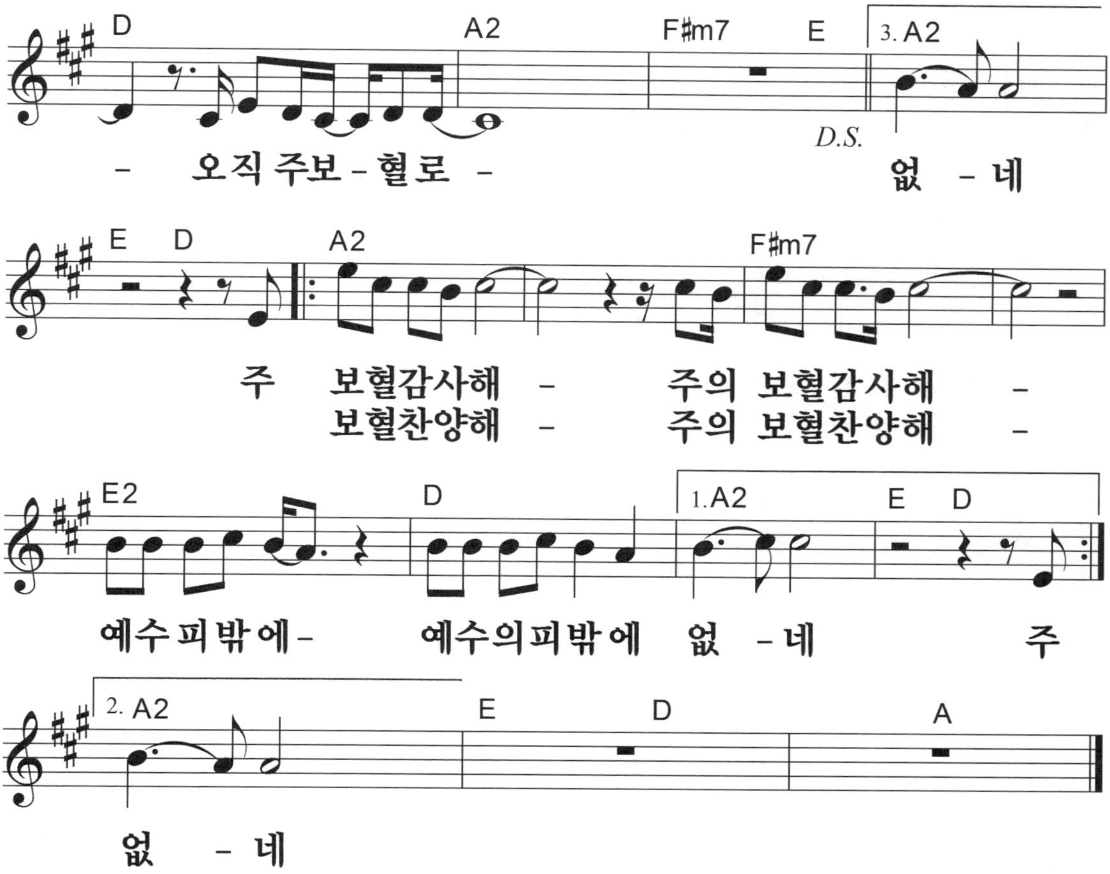

오직 주보 - 혈로 - 없 - 네
주 보혈감사해 - 주의 보혈감사해 -
보혈찬양해 - 주의 보혈찬양해 -
예수피밖에- 예수의피밖에 없 - 네 주
없 - 네

# 94 비바람이 갈 길을 막아도

(나는 가리라)

미가엘
(구) 1028
(신) 1491

김석균

비바람이갈길을 막 아도 나는 가리 - 주의길을가 리
힘한파도앞길을 막 아도 나는 가리 - 주의길을가 리
눈보라가앞길을 가 려도 나는 가리 - 주의길을가 리
모진바람앞길을 가 려도 나는 가리 - 주의길을가 리
이 길 은 영광 의길 이 길 은 승리 의길
이 길 은 고난 의길 이 길 은 생명 의길
나를구원하신 주 님 이 십자가지고가신 길
나 는 가 리 라 주의길을가 리 라
주님발자취 따 라 나 는 가 리 라
나 는 가 리 라 주의길을가 리 라
주님발자취 따 라 나 는 가 리 라

미가엘
(구) 1765
(신) 1669

# 빛 되신 주
(Here I Am To Worship)

Tim Hughes

95

E　　Bsus4　　F#m　　　　E　　Bsus4　　A
빛 되신주 어둠 가 운데비추사　내 눈보게 하소 -서-
만 유의주 높임 을 받으소 - 서　영 광중에 계신 -주-

E　　Bsus4　　F#m　　　　E　　Bsus4　　A
예 배하는 선한 마 음주시 - 고　산 소망이 되시 -네-
겸 손하게 이땅 에 임하신 - 주　높 여찬양 하리 -라-

A　　B7　　E　　B7　　E/G#
나주를경배　하 리 엎드려절 하 며고백해주 나의 하 나님

A　B7　E　B/D#　E/G#　A
- 오 사랑스런 주님 존귀한예 수 님 아름답고 놀라우신주 -
Fine

A　B　C#m　A　B/D#　E/G#
다알수 - 없네- 주의 -은혜- 내죄 -위한- 주십

1. A　　　　2. A　　　　B7　D.S. al Fine
- 자 가 -다 알수　-자 가 -　나 주를경배

# 96 사람을 보며 세상을 볼땐

(만족함이 없었네)

미가엘
(구) 926
(신) 1037

최영택

사람을보며 세상을볼땐 만족함이없었 네

나의하나님 그분을뵐땐 나는만족하 였 네

저기빛나는 태양을보라 또 저기서있는 산을보아라

천지지으신 우리여호와 나를사랑하 시 니

나의하나님 한분만으로 나는만족하 겠 네

동남 풍아 불 어라 서북 풍아 불 어라

가시밭의백합화 예수향기날리니 할 렐루야아 – 멘

가시밭의백합화 예수향기날리니 할 렐루야아 – 멘

# 사랑하는 나의 아버지

(Blessed be the Lord God Almighty)

미가엘
(구) 560
(신) 1516
97
Robert D Fitts
사랑하는 나의 아버지 - 이 름높여드립 니 다
주의 나라 찬양속에 임하시니 - 능력의 주께찬송하 네
전능하 - 신 하 나 님 찬 - 양 언 제나동일하 신 주 - -
전 능하 - 신 하 나 님 찬 - 양 영 원 히다스 리 네
Fine
나주의이름높 - 이 리 나주의이름높 - 이 리 - - -
하늘높이올린 깃 - 발 - 처럼 - - - 주의이름높 - 이 리전능하 - 신
D.S.

# 98 사랑합니다 나의 예수님

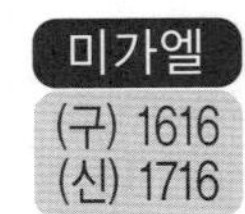
미가엘
(구) 1616
(신) 1716

김성수 & 박재윤

사랑합니 다 나의예수 님 사랑합니 다 아주많이 요
사랑합니 다 나의예수 님 사랑합니 다 그것뿐예 요
사 랑한다아들 아 내 가너를잘 아노라 -
사 랑한다내딸 아 네 게축복더 하노라 -

# 사망의 그늘에 앉아

(그날)

고형원

미가엘
(구) 1598
(신) 1374

A                    C#m7          F#m              C#m
사망의그늘에앉 아      죽어 가는 나의백성 들

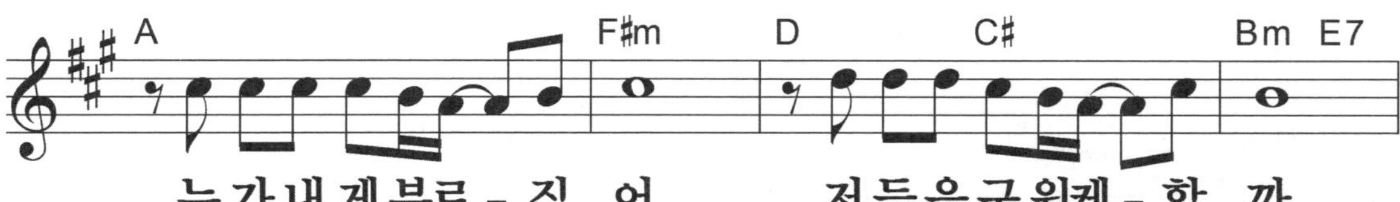
F#m              C#m                D          Bm          E  E7
절망 과 굶주림 에 갇힌저들은      내마음의 -오랜슬 픔

A                    C#m7          F#m              C#m
고통의멍에에매 여      울고 있는 나의자녀 들

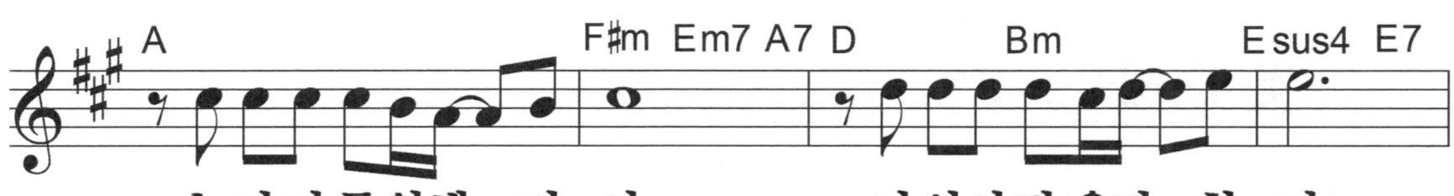
F#m                    C#m              D        B7        Esus4 E7
나는 이제일어나-저들의 멍에를꺾고    눈물씻기기- 원하는 데

A              F#m        D        C#              Bm  E7
누가내게부르- 짖 어      저들을구원케- 할 까

A              F#m Em7 A7 D        Bm          Esus4  E7
누가나를위해- 가 서      나의사랑 을전- 할 까

A              E/G# F#m        D          A/C#          Bm E7
나는 이 제 보기원하 네   나의 자녀들- 살아나는-그 날

A              E/G# F#m        D          E7              A
기쁜 찬 송 소리하늘 에   웃음 소리온- 땅가득한-그 날

# 100 삶의 작은 일에도

(소원)

한웅재

미가엘
(구) 1777
F    C2/E    Dm    F/C    Bb2    F/A
삶의작 - 은일 - 에도 - 그맘을알 - 기원 - 하네 -    그길 -  그

Gm    Bb/C    F    C2/E    Dm    F/C
좁은길 - 로가 - 기원 - 해    나의작 - 음을 - 알고 - 그분의크 - 심을 - 알며

Bb2    F/A    Gm    Bb/C    F    BbM7    F/A    C
- 소망 -   그 깊은길 - 로가 - 기원 - 하네 -

Gm7    BbM7/C    C7    Dm    Am7
저 높이솟 - 은산 - 이되 - 기보 - 다    여기

Dm    Am7    Dm
오름직 - 한동 - 산이 - 되길 -    내 가는길 - 만비 - 추기 - 보다

Am7    Bb2    G    Bb/C    C7
-는    누군 가 의길 - 을비 - 춰준 - 다면 -

F    C2/E    Dm    F/C    Bb2    F/A
내가노 - 래하 - 듯이 - 또내가애 - 기하 - 듯이 -    살길 -  난

# 삶의 작은 일에도

Gm    Bb2/C    F    C2/E    Dm    F/C
그렇게 - 죽기 - 원하 - 네    삶의한 - 절이 - 라도 - 그분을닮 - 기원 - 하네
Bb2    F/A    Gm    Bb2/C    F
- 사랑 - 그    높은 길 - 로가 - 기원 - 하네 -
좁은 길 - 로가 - 길원 - 하네 -
깊은 길 - 로가 - 길원 - 하네 -

# 101

## 새 힘 얻으리

(Everlasting God)

Brenton Brown & Ken Riley

미가엘
(구) 2239
새힘얻으리주 - 를바랄때 주 - 를바랄때우리주
- 를바랄때 - 를바랄때주님 - 통치 -하시- -
네 소망 - 구원 -주시 - - -는 - -
당신은영 -원하신주 - 내영 -원하신주
약한자방 -패되시며 - 위로 -자되신주
- 지치 -지않으 시 는 주님- 시네-
- 독수 -리같은 힘 주

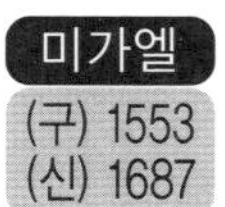

미가엘
(구) 1553
(신) 1687

# 생명 주께 있네



(My Life Is In You Lord)

Daniel Gardner

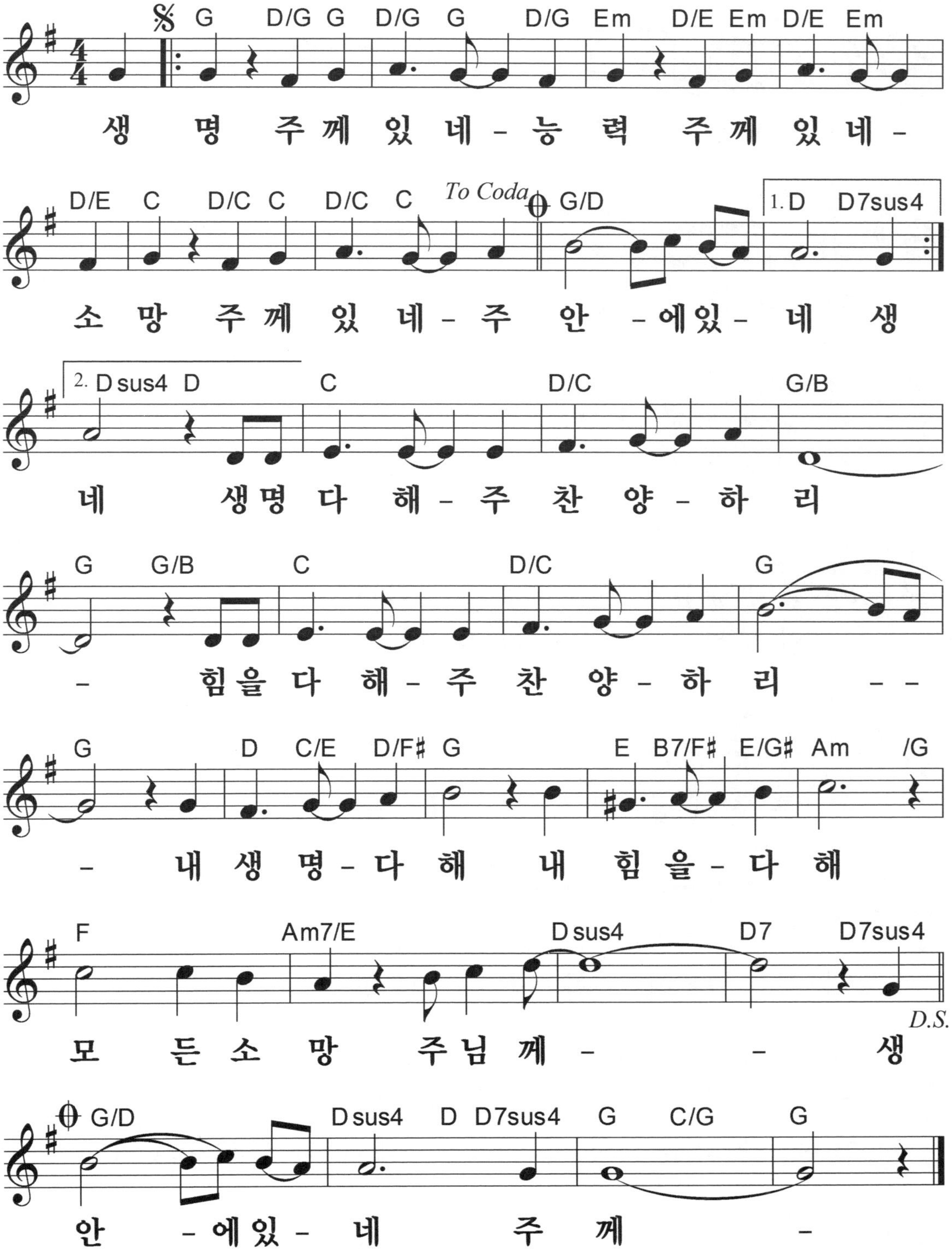
G D/G G D/G G D/G Em D/E Em D/E Em
생 명 주 께 있 네 - 능 력 주 께 있 네 -
D/E C D/C C D/C C To Coda G/D 1. D D7sus4
소 망 주 께 있 네 - 주 안 - 에 있 - 네 생
2. D sus4 D C D/C G/B
네 생명 다 해 - 주 찬 양 - 하 리
G G/B C D/C G
- 힘을 다 해 - 주 찬 양 - 하 리 - -
G D C/E D/F# G E B7/F# E/G# Am /G
- 내 생 명 - 다 해 내 힘 을 - 다 해
F Am7/E D sus4 D7 D7sus4
모 든 소 망 주 님 께 - - 생
D.S.
G/D D sus4 D D7sus4 G C/G G
안 - 에 있 - 네 주 께 -

# 103 선하신 목자
## (Shepherd Of My Soul)

Martin Nystrom

미가엘
(구) 1615
(신) 1513

선 하신 - 목자 - 날 사 랑하 - 는 분 -
주 인 도하 - 는 곳 - 따 라 가 - - 리
주 의말 - 씀을 - 나 듣 기위 - 하 - 여
주 인 도하 - 는곳 - 가 려 네    네    나를
푸 른초 - 장과 - 쉴 만 한물 - 가 로 -
내 선 하신 - 목자 - 날인 - 도해 -
험한 산 과골 - 짜기 - 로 - 내가 다 닐찌 - 라도 -
내 선 하신 - 목자 - 날인 - 도해 -

미가엘
(구) 1888
(신) 1557

# 성령님이 임하시면

(성령의 불타는 교회 / Church on Fire)

104

Russell Fragar

G7
C7
성령 님이임하시면능력 이나타 나 - 모 - 든것이일어날수
C7
A7
D7
G
있게되죠 - 참 - 선한것이 선한 것이여기일어나 - 네 -
G
G7
C7
어두움 - 을 - 물리치는 빛이있 네 - 능 - 력힘입어 난두
C7
A7
D7
G
렵지않네 - 참 - 선한것이 선한 것이여기일어나 - 네 -
G
C/G
G
D/F#
Em
성령의 불 타 는교 - 회 - 성령의 불 꽃임 - 하네 - 온마음
C/G
G
Am7
D7
CM9
G/B
다 하여 - 서주이름 높 이세 - 우 리의마 - 음불 - 타네 -
CM9
G/B
Am7
D7
그 빛 을전 - 하 기 - 위해 - 사랑 의 불꽃 - 전 하 - 세 -
C2
C2/D
1. G
2. G
C/G G
주를위한 - 성령의불 - 타는교 - 회 - - 회 -

# 105 세상 모든 민족이

(물이 바다 덮음 같이)

미가엘
(구) 1538
(신) 1781

고형원

G  D/F#  C/E  G/D  C  G/B  Am
세상 모든민족이 - 구원 을얻기까지 - 쉬지않으시는 - 하 나님 -

G  D/F#  Em  Bm  C  D7  G  C/G
주의 심장가지고 - 우리 이제 일어나 - 주따르게 하소 서

G  D/F#  C/E  G/D  C  G/B  Am
세상 모든육체가 - 주의 영광보도록 - 우릴부르시는 - 하 나님 -

G  D/F#  Em  Bm  C  D7  G
주의 손과발되어 - 세상 을치유하며 - 주섬기게 하소 서

G2  Bm  Am  /G  F  Am7  D7  G2
물이바다덮음같이 - 여호 와의영광을 - 인정하는것이 온세상가득하리라

Bm7  C  D7  C  D7  C  D7  G
- 물이 바다덮음같이물이 바다덮음같이 물이 바 다 덮음같이 -

F  G  Am  D7  G
보리 라  그날 에  주의 영 광 가득한 - 세 상

F  Em  Am  /G  Dsus4  D
우리 는  - 듣게되 리  온세 상가득한승리의 - 함 성

D.S.

미가엘
(구) 2147
(신) 1686

세상을 구원하기 위해
106
(밀알)

천관웅

세상을구 원하기위 - 해    흘려야-할피가필 -요하 - - 다-면 -
길잃어 지 친양을찾 - 아    마음상-해이리저 -리헤-매이-는 -

죄인을 대 신하기위 - 해    희생의-제물- 필요하시다 면
한영혼 찾 아아파하 - 는    예수님-마음- 내게주옵소 서

내 생명-    제단위- 에드리리 주 영-광 위해    사용하-소
십 자가-    온 세상위- 한그희생 눈 물-로 그길    가게하-소

서    생 명이 또다른-생명- 낳고 주님볼-수있 - 다 면

나의삶- 과죽음도 아낌없 - 이드리리 죽어야-다시 - 사 는

주의말-씀민 - 으며    한알의밀 -알되-어 썩어지-리니 -

예 수님 - 처 럼    살 아가 - 게하    소 서

Copyright © 천관웅. Adm. by KOMCA. All rights reserved. Used by permission.

# 107 세상의 유혹 시험이

(주를 찬양)

최덕신

미가엘
(구) 1055
(신) 1034

G2 G/B C D G C G/B
세 상의유혹시험이-내게 몰려올때-에 나 의힘으론그것들-
거 짓과속임수로--가득 찬세상에-서 어 디로갈지몰라--
주 위를둘러보면--아- 무도없는-듯 믿 음의눈을들면--

Am9 D G2 G/B C D G
모두 이길수없네- 거 대한폭풍가운데- 위축 된나의영혼-
머뭇 거리고있네- 공 중의권세잡은자- 지금 도우리들을-
보이 는분계시네- 지 금도내안에서-- 역사 하고계시는-

C G/B Am9 Dsus4 D7
어 찌할바를몰라- 헤매 이고 있 을때 -
실 패와절망으로- 넘어 뜨리려하네 -
사 망과어둠의권세물리 치신예수님 -

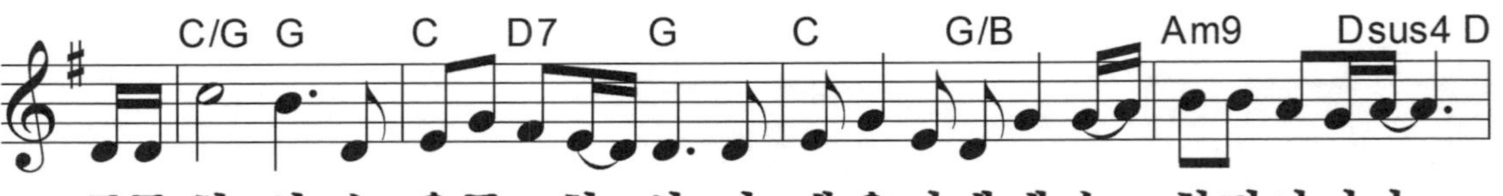

C/G G C D7 G C G/B Am9 Dsus4 D
주를 찬 양 손 을들고찬-양 전 쟁은나에게속- 한것아니니-

C/G G C D7 G C G/B Am Dsus4 D7 G
주를 찬 양손 을들고찬-양 전 쟁은하나님께-속한 - 것 이 니

미가엘
(구) 1692
(신) 1211

# 세상 흔들리고
### (오직 믿음으로)

108
고형원

F    C/E    Dm    Dm/C    B♭    F/A    Gm7  C7
세상흔들리고-  사람들은변하-여 도 나는주를섬-기 리
믿음흔들리고-  사람들주를떠-나 도 나는주를섬-기 리

F    C/E    Dm    Dm/C    B♭    Gm7    C    F
주님의사랑은-  영원히변하지-않 네 나는주를신 뢰 해
주님의나라는-  영원히쇠하지-않 네 나는주를신 뢰 해

F    B♭    Gm    Csus4  C7
오 직 믿 음으 로-  믿음으로내가 살 리 라

F    B♭    Gm    C7    F
오 직 믿 음으 로-  믿음으로내가 살 리 라- -

F    B♭    Gm    Csus4 C7
오 직 의인 은-  믿음으로말미암아살 리 라

F    B♭    Gm    C7    F
오 직 의인 은-  믿음으로말미암아살 리 라- -

# 109 수 많은 무리들 줄지어

(예수 이름 높이세)

최덕신

G2    C2/G    G2 C2/G G2    C2/G    G2 C2/G
수 많은무리들- -줄지어 -    그 분을보기위-해따르네 -
나 의-계획이-실패하고 -    나 의-소망이-끊어질때 -

G2    D/F#    B B/D# Em    Am9    A9    Am7 D
평 범한목수이신그 분 앞에- 모든 무릎이-꿇어경배-하- 네
삶 의주관자되신그 분 앞에- 나의 무릎을-꿇어경배-하- 네

G2    C2/G    G2 C2/G G2    C2/G    G2 G/C
모 든 문제들-하나하나 -    죽 음 까지도-힘을잃고 -
나의삶을그분-께맡길때 -    비로소나의마-음평안해 -

G2    D/F#    B B/D# Em    Am9    A9    Am7 C/D D7
생 명의근원되신예 수이름앞-에 모든 권세들- 굴복-하- 네 -
구 원의반석되신예 수의이름-을 소리 높여- -찬송-하- 네 -

G    Bm    C2    G/B    Am7    G/B
예수 이름높-이세 능 력의그-이름 예수 이름높-이세

C2    D    Bm    Esus4 E    Am7
구 원의그-이름 예수 이름을부-르는 자    예수 이름을믿-는 자

Dsus4 D    G    G/F    Esus4 E    Am D6 Am/G G
- 예수 이름앞에 - 나오는- 자 복이있 -도 다 - - -
3

# 신실하게 진실하게

(Let me be faithful)

Stephen Hah

미가엘
(구) 2035
(신) 1521

110

신실하게 - 진실하게 - 거룩하게 살게 하소서
신실하게 - 진실하게 - 거룩하게 살게 하소서
하 나 님 - - - 나의 마음 - 만져 주소서 -
하 나 님 - - - 나의 기도 - 들어 주소서 -
하 나 님 - - - 나의 영혼 새롭게 하소서
하 나 님 - - - 주의 길로 인도 - 하소서

111
십자가 그 사랑
(The Love Of The Cross)
미가엘
(구) 1933
Stephen Hah

십자가 그 사 랑   멀리떠 - 나 서
지나간 일들 을   기억하지않 고

무너진 나의 삶 속에   잊혀진주 은 혜
이전에 행한 모 든일   생 각지않 으 리

돌같은 내마 음   어루만 - 지 사
사막에 강물 과   길을내시 는 주

다시일 으켜 세 우신 주 를   사랑합니 다
내안에 새일 행 하실 주 만   바라보리 라

주   나를보호 하 시고   날   붙드시리
주   너를보호 하 시고   널   붙드시리

나 는 보   - 배 롭고 존 귀 한
너 는 보   - 배 롭고 존 귀 한

1. C   C#dim   Dsus4   D      2. C   D7   G
주님의자 녀 라   주 - 의자녀 라

미가엘
(구) 2258
(신) 1545
아바 아버지
112
김길용
아 바 아버 - 지 - 아 바 아버 - 지
나를 안 으시 - 고 바라보 - 시는 아 바 아버 - 지 -
아 바 아버 - 지 - 아 바 아버 - 지 나를 도우시 - 고 힘주시 - 는
아 버 지 주는 내 맘 - 을 고치 - 시 고
볼 수 없 는 상 - 처 만지 - 시 네 나를 아 - 시고
나를 이 해하 - 시네 - 내 영 혼 새롭게 세 우 - 시 네

# 113 아버지 당신의 마음이

(하나님 아버지의 마음)

박용주 & 설경욱

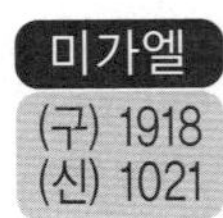

미가엘
(구) 1918
(신) 1021

아버지 당신의- 마음이 있는곳에- 나의 마음이- 있기를
원해요- 아 버지 당신의 눈물 이고인곳에- 나의
눈물이- 고이길 원해 요 아버지 당신이- 바라보는
영혼에게- 나의 두눈이- 향하길 원해요- 아
버지 당신이울고 있는어두운땅에- 나의 두발이- 향하길원해
요 나의 마 음이아버지 의마음알아- 내
모든뜻- 아버지의 뜻 이 될수있기를- 나의 온 몸이아버지
의 마음 알아- 내 모 든삶- 당신 의 삶 되 기를 -

# 아버지 사랑 내가 노래해

아버지 사랑 내가 노래해    114
(그 사랑)
박희정
G2    C/G    G    C/G
아버지사랑내가노래 해    아버지은혜내가노래 해
상한갈대꺾지않으시 는    꺼져가는등불끄지않 는
D/F#    Em    E♭aug    G/D    C#dim7    Am7
그사 랑    변함없으 신    거짓없으 신    성실하신그 - 사
1. Am/D    2. Am/D    Dsus4    G    D/F#
랑    랑    사 랑    - 그사 랑    - 날위해
Em    Dm    G7    CM7    G/B
죽으신 - 날 - 위 해 다 시사신 - 예수그리스도 -
Am7    Am/D    G    D/F#    Em    Dm7    G7
다시오실그사랑 - 죽음 도    - 생명도 천사도 - 하 늘의어떤
CM7    G/B    Am7    C/D    G
권세 도 - 끊을수없 는 -    영원한 - 그사랑 - 예 수

# 115 아주 먼 옛날

(당신을 향한 노래)

천태혁 & 진경

미가엘
(구) 1201
(신) 1199

아주먼옛 - 날 -   하늘에서 - 는 -
당신을향 - 한 -   계획있었 - 죠 -
하나님께 - 서 -   바라보시 - 고 -
좋았더라 - 고 -   말씀하셨 - 네 - -
이 세 상 그 무엇 - 보 - 다 - 귀 하게 -
나의 손 으로 - 창 조 하였 - 노 - 라 - -
내가너로 - 인 하여 - 기 뻐 하 노라 -
내가 너 를사 - 랑 하 노 라 -

C  G/B  Am  Bb2/G C7  F  C/E  Dm7  Dm7/G G7
사 랑 해 요 - 축 복 해 요 -
C  E7/B  Am7  C/G
당 신 의 마 음 에 우 리 의 - -
Dm7  G7  C
사 랑 을 드 려 요 -

미가엘
(구) 1756

# 아버지 사랑합니다

## (Father, I Love You)

116

Scott Brenner

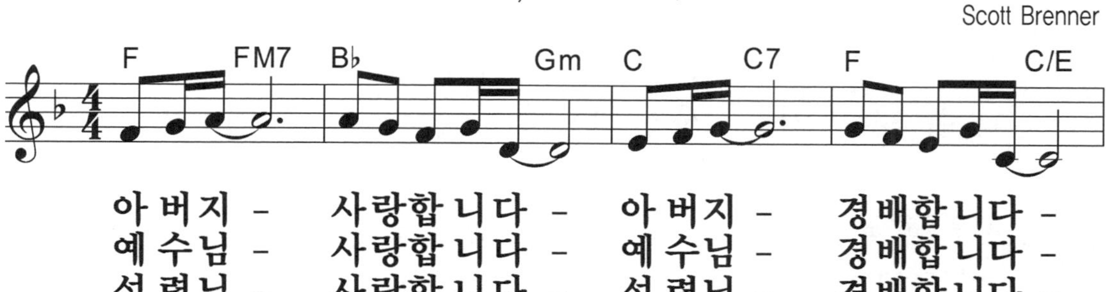

F  FM7  Bb  Gm  C  C7  F  C/E
아 버 지 - 사 랑 합 니 다 - 아 버 지 - 경 배 합 니 다 -
예 수 님 - 사 랑 합 니 다 - 예 수 님 - 경 배 합 니 다 -
성 령 님 - 사 랑 합 니 다 - 성 령 님 - 경 배 합 니 다 -

Dm7  /C  Bb  Gm  C7sus4 C7  F
아 버 지 - 채 워 주 소 서 - 당 신 의 - 사 랑 - 으 로 -
예 수 님 - 채 워 주 소 서 - 당 신 의 - 사 랑 - 으 로 -
성 령 님 - 채 워 주 소 서 - 당 신 의 - 사 랑 - 으 로 -

# 117 아침 안개 눈 앞 가리듯

(언제나 주님께 감사해)

미가엘
(구) 1617
(신) 1420

김성은 & 이유정

아침안개눈앞가리 듯　나의약한믿음의심쌓일 때　부드
빗줄기에바위패이 듯　나의작은소망사라져갈 때　고요

럽게다가온주의음 성　아무 것도염려하지마 라
하게들리는주의음 성　내가

너 를사랑하노 라　외로움과방황속에 서

주님앞에나아갈때에　위로하시는주님

나를도우사　상한나의마음감싸주시 네

십자가의보혈로써　주의크신사랑알게하셨 네

주 님께감사하리 라　언제나 주님께감사 해

# 아침에 주의 인자하심을

(시편 92편)

이유정

아침에 주의인자 하심-을- 나-타-내시-며-
밤마다 주의성실 하심-을- 베풂이좋으나이 -다- 여-
호와께 감사 하-며- 주의이름을찬 양 여-
호와께 감사 하-며- 주의이름을찬 양
여 호 와 여 주의 행사가- 어찌 그리 크 신 지
요 주의 생각이- 심히 깊으 시나이 다 - 아침
에 주의인자 하 심을 나-타-내시-며- 밤마
다 주의성실 하심-을- 베풂이좋으나이 다 -

# 안개가 날 가리워

미가엘

(신) 1577

(주님은 산 같아서)

김준영 & 임선호

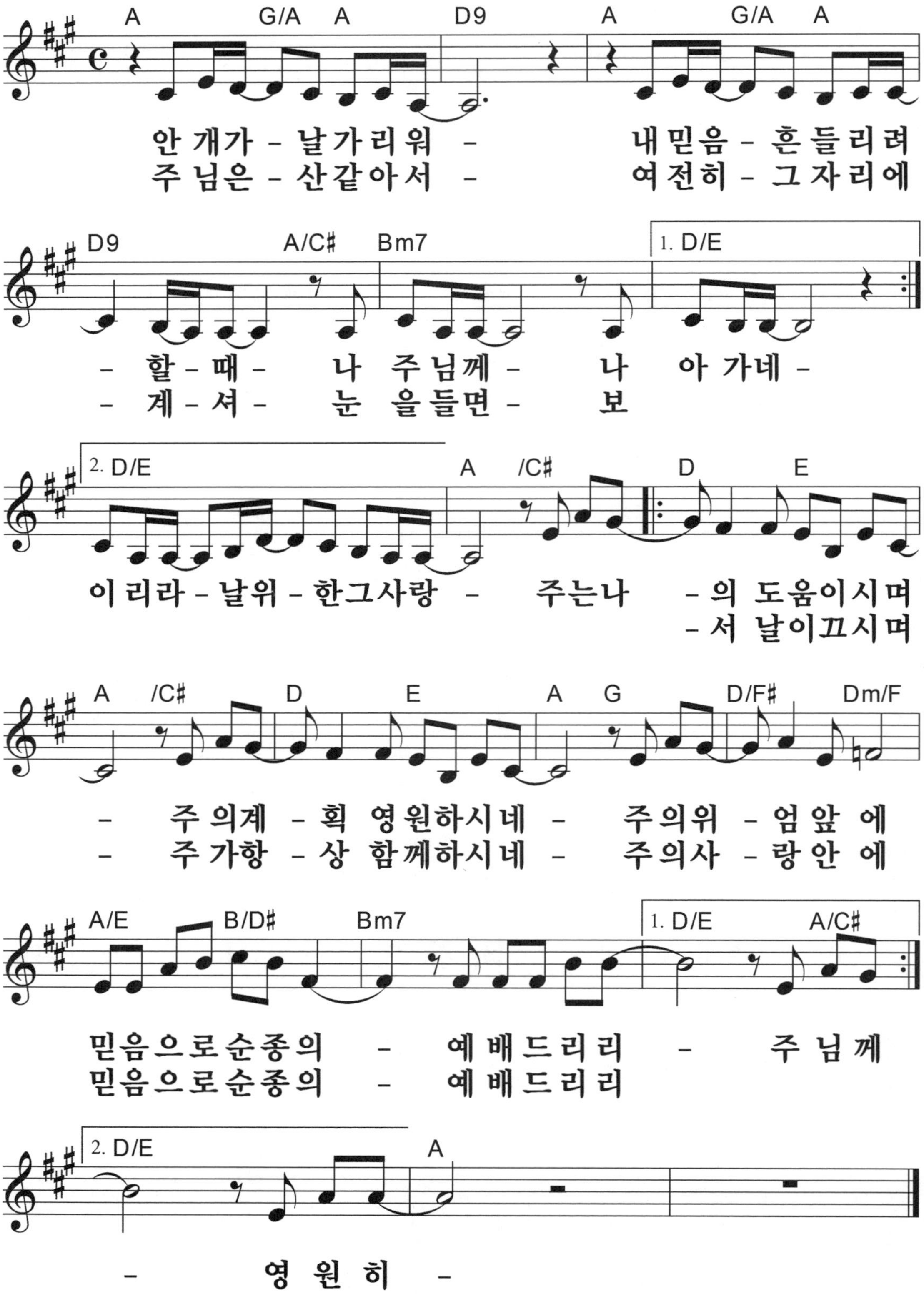
A G/A A D9 A G/A A
안 개가 - 날가리워 - 내믿음 - 흔들리려
주 님은 - 산같아서 - 여전히 - 그자리에
D9 A/C# Bm7 1. D/E
- 할 - 때 - 나 주님께 - 나 아 가네 -
- 계 - 셔 - 눈 을들면 - 보
2. D/E A /C# D E
이리라 - 날위 - 한그사랑 - 주는나 - 의 도움이시며
- 서 날이끄시며
A /C# D E A G D/F# Dm/F
- 주의계 - 획 영원하시네 - 주의위 - 엄앞 에
- 주가항 - 상 함께하시네 - 주의사 - 랑안 에
A/E B/D# Bm7 1. D/E A/C#
믿음으로순종의 - 예배드리리 - 주님께
믿음으로순종의 - 예배드리리
2. D/E A
- 영 원 히 -

# 약한 나로 강하게

(What The Lord Has Done In Me)

Reuben Morgan

120

약한- 나로 강하게 가난 한 날 부하 게 눈먼-
날 볼 수 있게 주내 게 행 하 셨 네 - 호-
산 나 호-- 산-나 죽임 당 한어린양 호-
산 나 호-- 산-나 예수- 다 시사셨네 호-
네 - 내가- 건 너 야할 강 거기서 내 죄 씻겼
네 이제- 주의사랑 이 나를 향 해흐르네
- 깊은- 강에서주 가 나를일 으 키 셨도 다 구원의
노 래부르 리 예수 자 유 주셨네 -

# 121 약할 때 강함 되시네

(주 나의 모든 것 / You Are My All In All)

미가엘
(구) 1530
(신) 1619

Dennis Jernigan

약할때 강함되시 네 나의보배가되신 주 주나의모든 것 - - - -
십자가 죄사하셨 네 주님의이름찬양 해 주나의모든 것 - - - -

주안에있는보물 을 나는포기할수없 네 주나의모든 것
쓰러진나를세우 고 나의빈잔을채우 네 주나의모든 것

예 수 어 린 양 존 귀 한 이 름 - - - - 름

미가엘
(구) 930
(신) 1836

# 어두운 밤에 캄캄한 밤에

## (실로암)

122

신상근

어두운 밤에 캄캄한 밤에 새벽을 찾
가 처음 만난 그 때는 차가운 새

아 떠난 다 - 종이 울 리고 닭이 울 어도
벽 이었 소 - 당신 눈 속에 여명 있 음을

내눈 에는 오직 밤 이었 소 - 우리 -
나는 느낄 수 - 가 있었 소

오 주여 당신 께 감사 하 리 라 실로 암 내

게 주심 을 - 나에 게 영원 한 이꿈

속 에서 깨이 지 않게 하소 서 -

# 123 어두워진 세상 길을

(에바다)

고상은

미가엘
(구) 1279
(신) 1333

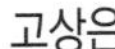

어두워 진 세상길을   주님없이 걸어가다
아무것도 알수없고   아무것도 볼수없고

나의영혼 어두워졌 네 -   어느것이 길 - 인지
아무것도 들을수없 네 -   세상에서 방황하며

어느것이 진리인지   아무것도 알수없었 네 -
이리저리 헤매일때   사랑하 는 주님만났 네 -

주님없이 살아가는 모 든 삶   실패와 좌절뿐이 네 -
어두웠던 나의눈이 열 리 고   막혔던 귀가열리 네 -

사랑하는 나의주님 내 영 혼   눈을뜨 게 하소 서
답답했던 나의마음 열 리 고   나의영 혼 살리 네

열려라 에 바 다 열려 라 -   눈을 뜨게하소 서 -

죄악으로 어두워진 나의영혼 을   나의눈을 뜨게 하소 서 -

미가엘
(구) 827
(신) 1358

# 언제나 내 모습
(주님 내 안에)

임미정 & 이정림

C  CM7  Em  F  Dm7  Gsus4  G7
언제나 - 내모습 - 너무나 - 부끄러워 -

CM7  Em  F  Dm7  G
무릎으 - 로주님께 - 기도로 - 가오니 -

C  CM7  Em  F  Dm7  Gsus4  G7
나홀로 - 서 있는 - 죽은내영깨우 사

CM7  Em  A7  F  D7  G  G7
주님만 나 를 깨워 내 영 살게 하소서 -

C  C/B  Am  Am/G  F  F#dim  Gsus4  G7
주님 내안에 - 주님 내안에 - 내 안에 계 시고 -

C  C/B  Am  Am/G  F  Gsus4  G7  C
주님 내안에 - 주님 내안에 - 나를세워주소서 -

# 125 여기에 모인 우리

미가엘
(구) 1739
(신) 2000

(이 믿음 더욱 굳세라 / We Will Keep Our Faith)

Don Besig & Nancy Price

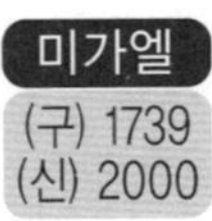

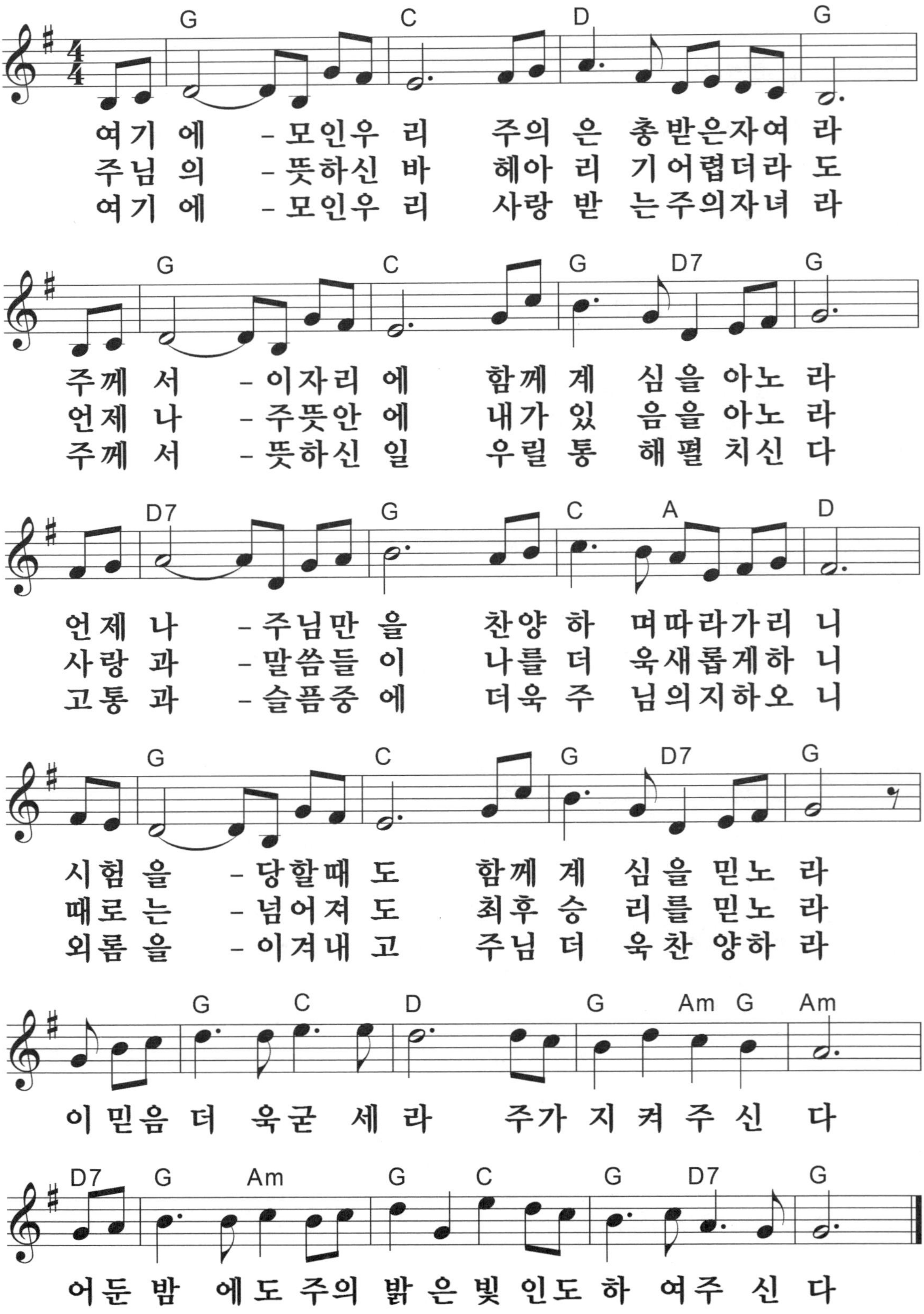

여기 에 -모인우 리 주의 은 총받은자여 라
주님 의 -뜻하신 바 헤아 리 기어렵더라 도
여기 에 -모인우 리 사랑 받 는주의자녀 라
주께 서 -이자리 에 함께 계 심을아노 라
언제 나 -주뜻안 에 내가 있 음을아노 라
주께 서 -뜻하신 일 우릴 통 해펼치신 다
언제 나 -주님만 을 찬양 하 며따라가리 니
사랑 과 -말씀들 이 나를 더 욱새롭게하 니
고통 과 -슬픔중 에 더욱 주 님의지하오 니
시험 을 -당할때 도 함께 계 심을믿노 라
때로 는 -넘어져 도 최후 승 리를믿노 라
외롬 을 -이겨내 고 주님 더 욱찬 양하 라
이믿음 더 욱굳 세 라 주가 지 켜 주 신 다
어둔 밤 에도 주의 밝 은 빛 인도 하 여주 신 다

미가엘
(신) 1518
여호와를 즐거이 불러
(감사함으로)
126
심종호
여 -호와를 즐 거이불러- 기쁨으로주 -께 나아가리- - -
여호와하나님난 주의백성- 기르 시 는 양이 -라
여 -호와를 즐 거이불러- 기쁨으로주 -께 나아가리- - -
여호와하나님난 주의백성- 기르 시 는 양이 -라 감사함
-으로 주 를높 -이며 그문 - 에 -들어가서 - 찬송함
-으로 그이 -름-을- 송 축 할지 -어다 감사함
1.E
2.E
주의선 -함과 인자하 -심이 영원 -하고 주의성
D.S. al Coda
- 실하- 심이 - 대 대 에 미치리로 - -다 - 감사함

# 127. 여호와 우리 주여

(시편 8편)

미가엘
(구) 577
(신) 1271

최덕신

여 호와 우리 주 -여- 주의 이름이- 온 땅 -에- 어
찌 그리 아름다 운지요- 어 찌 그리아름다 운지요-
여 호와 우리 주 -여- 주의 이름이- 온 땅 -에- 어
찌 그리아름다 운지요 - 어 찌 그리아름다 운지요 -
주의 손가락으로 지으 신 - 주 의 하늘 과 -
주가 베풀어주신 달과 별 - 내 가 보오 니 -
사 람이 무엇 이관대- 주께 서저를- 생 각 하 시며-
인 자가 무엇 이관대- 저 를 권고 하시 나이까-

# 예수 나의 첫사랑 되시네

(Jesus, You alone)

128

Tim Hughes

미가엘
(구) 1786
(신) 1524
A    D    A/E    E
예수나의 첫사랑되시 -네- 내 첫-사랑- 지
A    D    A/E    E
존자되신 그리스도예 -수- 찬 양-하리-
D    E    F#m    E    D    E    F#m    E
보좌앞에 나의삶이 향기로운 제사로
D    E    F#m    E    D    D/E    A    A/G#
주께드려지기원하네 -
오직주만 바
나의온전 한
A/F#    A/E    A/D    A/C#    A/B    E    A    A/G#
-라보-며 나의삶을드 -리네-- 다른길은 찾
-열정-과 나의찬양되 -시네-- 주의길을 따
1. A/F#    A/E    D Esus4    2. A/F#    A/E    D    A
-지않-으리 -    -라가-리라 -

129
예수는 왕 예수는 주
(He Is The King)
미가엘
(구) 1330
(신) 1698
Tom Ewig, Don Moen & John Stocker
S G G/B C Am7
예 수 는 왕 - 예 수 는 주 - 예 수 는 날
G/B Em7 F C/D D G G/B
- 구 원 하 신 주 - - - 예 수 는 왕 - 예 수 는 주
C Am7 G/D Em7 Am9 D G C/D D
- 예 수 는 날 - 구 원 하 신 - 주 왕 께 만 세
G G/B C Am7 G/B Em7
- 주 께 만 세 - 날 구 원 하 신 주 님 께 만
F C/D D G G/B
세 - - - 왕 께 만 세 - 주 께 만 세
C Am7 G/D Em7 Am9 D G (C/D)
Fine
- 날 구 원 하 신 주 님 께 만 - 세
G Am Bm Em 1. Am7 D Bm7 Am D
강 하 고 능 하 신 왕 세 상 모 - 든 나 라 다 - 스 리 시 네
소 리 높 여 찬 양 해 그 는 만
2. Am7 Am/G F M9 D sus4 D D.S.
- - 유 의 주 - 그 는 만 왕 의 왕 예 수 는 왕

# 예수님 그의 희생 기억할 때

(다시 한번 / Once Again)

Matt Redman

미가엘
(구) 2245

예수 님- 그 의희생기억할때 자기몸버-려-
이제 는- 저 높은곳에앉으신 하늘과땅-의-

죽으신주- 나항 상- 생 명주신그은혜를마
왕되신주- 나이 제- 놀 라운구원의은혜-

음에새겨-봅니다- 마 음에새겨-봅니다-
높여찬양-하리라- 높여찬양-하리라-

주달리신십자가를 내가볼때- 주 님의자비내마음을 겸손케해-

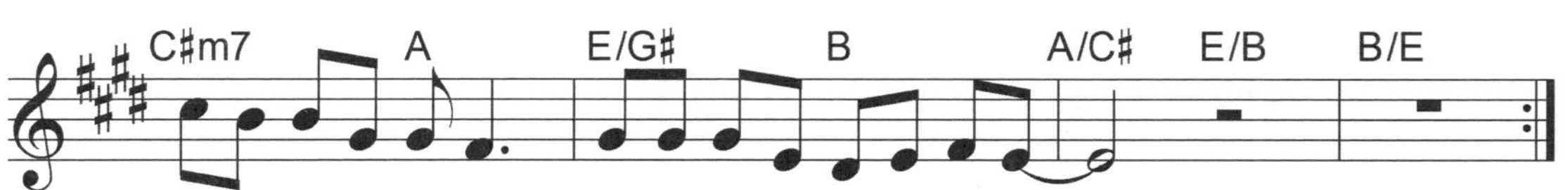
주께감사하며 내생명주께드리네 -

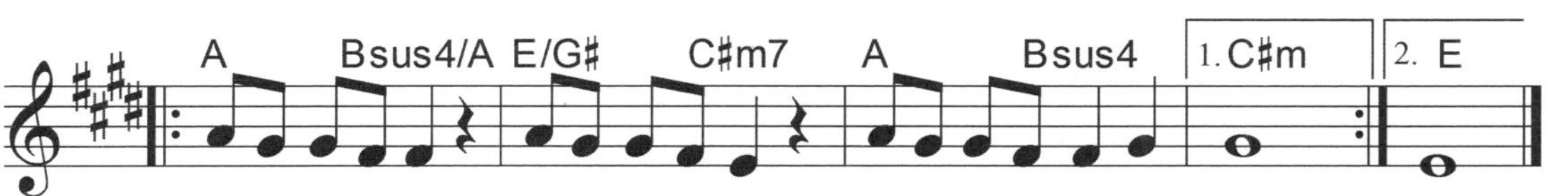
감사드리리 주의십자가 나의친구되신 주 주

# 131 예수님 목마릅니다

(성령의 불로 / Fire Of The Holy Spirit)

Scott Brenner

E          A/E          C#m     E/B
1. 예 수 님 목 – 마 – 릅 – 니 – 다 – –
   주 님 을 사 – 모 – 합 – 니 – 다 – –
2. 불 같 은 사 – 랑 – 드 립 – 니 다 – –
   이 세 상 어 – 느 – 것 – 보 – 다 – –

A          E/G#          F#m7    Bsus4 B
오 시 어 기 – 름 – 부 – 으 – 소 서 –
오 셔 서 채 – 워 – 주 – 소 – 서 – –
나 의 간 구 – 를 – 들 – 으 – 소 서 –
주 님 을 의 – 지 – 합 – 니 – 다 – –

E          B/D#    C#m          E/B
성 령 의 – 불 – 로 –    성 령 의 – 불 – 로 –
성 령 의 – 불 – 로 –    성 령 의 – 불 – 로 –

A          E/G#    A          Bsus4 B    E
임 – 하 – – 소 서 –    임 – 하 – – 소 서 –
기 름 부 – 으 소 서 –    기 름 부 – 으 소 서 –

미가엘
(구) 936
(신) 1093

# 예수보다 더 좋은 친구

(나의 참 친구)

132

김석균

예수- 보다- 더좋은친구없 네 예수- 보다-
예수- 사랑- 참좋은예수사 랑 예수- 사랑-

더좋 은 친구없 네 괴로울때- 다가 와 서
참좋 은 예수사 랑 세상에서- 제일 가 는

마 음에평화주 는 신실하신 나의참친 구
금 으로유혹해 도 예수님만 사랑하겠 네

외로울때- 찾아 와 서 친 구가되어주 는
세상에서- 제일 높은 명 예를준다해 도

사 랑많 은 나 의참친 구 -
예 수님만 따 라가겠 네 -

주 예 수 사랑하리 라 나 의생 명

다할 때까 지 주 예 수 사랑하리 라

나 의 생 명 다 할 때 까 지 -

# 133 예수 사랑해요

## (Alleluia)

Jude Del Hierro

미가엘
(구) 561
(신) 1671

예 -수 사랑 해요 나 주 앞 에 엎드려
경 -배 와 찬 -양 왕 께 드 리 네
알 -렐 루 -야 알 렐 루 -야
알 -렐 루 -야 알 렐 -루

# 예수 열방의 소망
(Hope Of The Nations)

Brian Doerksen

예수 열방의소-망- 예수 우리의위-로-자
예수 어둠속의-빛- 예수 변함없는-진-리
주는 - 온땅-의영-원한 소망 -
주는 - 온땅-의빛-이되 시네
- 우리 - 위해 죽으-시고 다시-사신
생명 - 의주- - 주님만이 - 소망이요 -
변함없는 - 반석이라 - 주님만이 - 온세상을
- 비추-시네 - - 또죽음에서 - 부활하신
- 우리구주 - 평강의왕 - 주를믿는 - 모든자의
- 소망 - 되신 - 주를 - -믿네 -

# 135 예수 우리 왕이여
## (Jesus, We Enthrone You)

Paul Kyle

미가엘
(구) 796
(신) 1923

예 수 - 우 리 왕 이 여 -
이 곳 에 오 소 서 -
보 좌 로 - 주 여 임 하 사 -
찬 양 을 받 아 주 소 서 -
주 님 을 찬 양 하 오 니
주 님 을 경 - 배 하 오 니
왕 이 신 예 수 여 오 셔 서
좌 정 하 사 다 스 리 소 서 -

# 예수의 이름으로

(I Will Stand)

**136**

Chris Bowater

미가엘
(구) 1245
(신) 1538

예수의 이름으로 나는 일 어서리라
주가 주 신능력 으로 - 나는 일 어서리라
원수가 날향해와도 쓰러지 지않으리
주가 주 신능력 으로 주가 주 신능력 으로
주가 주 신능력 으로 일어서리 -

# 137 오라 우리가

(여호와의 산에 올라 / Come And Let Us Go)

Bill Quigley & Mary Anne Quigley

미가엘
(구) 1586
(신) 1627

오 라 우 리 가 - 여 호 와 의 - 산 에 올 라 -
하 나 님 의 전 에 이 르 자 -
전 에 이 르 자 - 주 님 의 도 를 배 우 고
- 주 님 의 길 로 행 하 리 -
이 는 율 법 이 시 온 에 서 나 오 고 -
주 의 말 씀 은 예 루 살 렘 에 서 -

미가엘
(구) 1548
(신) 1438

# 오소서 진리의 성령님

(부흥 2000)

고형원

오소서 진리의 성령님 - 이땅흔들며임 하소서 -

거짓과탐욕 죄 악에무너진 - 우리 가슴정케하소 서

오소서은혜의 성령님 - 하늘가르고임 하소서 -

거룩한불꽃 - 하늘 로서임하사 - 타오 르게하소서주영광위 해

부흥의불길 - 타오르게 하소서 - - 진리 의말씀 - 이땅새롭게하소 서

은혜의강물 - 흐르게 하소서 - - 성령 의바람 - 이땅가득불어 와

흰옷입 - 은주의 순결한백성 주의 영광위해 이제일어 나

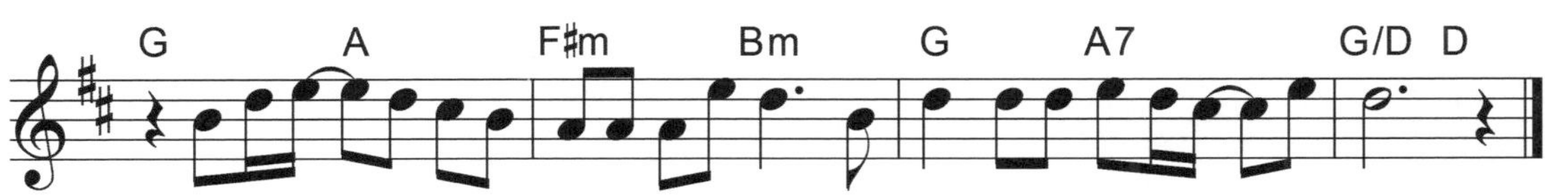
열방을 - 치유하 며행진하는 영 광 의그날을주 - 소 서

# 139 오직 주의 사랑에 매여

미가엘
(구) 1901
(신) 1465

고형원

D        A/C#    Bm        D              F#m7
오직 주의 사랑에매 여      내영 기 뻐 노래합니 다

G      A      F#7        Bm    G      A        D
이소 망의언덕   기 쁨의땅－에－서   주께사랑드립니 다

D        A/C#    Bm        D              F#m7
오직 주 의임재안에갇 혀      내영 기 뻐 찬양합니 다

G      A      F#7        Bm    G      A7        D
이소 명 의언덕   거 룩한땅－에－서   주 께경배드립니 다

G      A      D        G      A7      D
주께 서 주신모든 은 혜      나－는 말할수없 네

G      A      F#7        Bm    G      A7      D
내영 혼즐거－이 주 따르렵－니다－ 주 께내삶드립니 다

# 온 세상 창조주

140

(모두 승리하리 / Winning All)

심형진

온세 - 상    창조 - 주    온세 - 상    구원 - 자
하나 - 님    열방 - 을    우리 - 게    주셨 - 네

모든 - 것    이기 - 신    능력 - 의    하나 - 님
그명 - 령    따라 - 서    열방 - 을    취하 - 리

모든 만 - 물주 - 를 찬 - 양 해 -

모든 민 - 족주 - 께 경 - 배 해 -

모 두 승 리 하 - 리 -    열 방 언 게 되 - 리 -
찬 양 할 렐 루 - 야 -    찬 양 할 렐 루 - 야 -

하 나 님 - 께 서 - - 통 치 하 - 시 네 -

모 두 승 리 하 - 리 -    열 방 언 게 되 - 리 -
찬 양 할 렐 루 - 야 -    찬 양 할 렐 루 - 야 -

위 대 하 - 신 왕 - - 여 호 와 - -

141
온 땅의 주인
(Who am I)
Mark Hall

온땅의 - - - 주인 되 신주 - 님이 -
주님은 - - - 나의 죄 를보 - 시고 -

내 이 름아 - 시며 - 상 한 맘돌 - 보네 -
사 랑 의눈 - 으로 - 날 일 으키 - 시네 -

어둠을 - - - 밝히 시 는새 - 벽별 -
바다를 - - - 잠잠 하 게하 - 시듯 -

방 황 하는 - 내맘 - - - 주의 길 비추 - 시네 - - - -
내 영 혼의 - 폭풍 - - - 고 요 케하 - 시네 - - - -

나로 인 함이 - 아 - 닌 - - - 주가 행 하신 - 일 - 로 -

나의 행 함이 - 아 - 닌 - 오직 주 로인 - 하여 -

나 는 오 늘 피었 - 다 - 지 - 는 - 이름 없 는꽃 - 과같

--네 바다 에-이는파 -도- 안 개 와같-지-만
- 주 는 나 를붙-드-시 -고- 부르 짖 음들-으-시
---며- 날귀 하 다하-시-네 - 나오직
- 주 의 것 -

# 142 완전하신 나의 주

(예배합니다 / I Will Worship You)

Rose Lee

완전-하신나 의 주 의의-길로날- 인 도하소-서-

행 하신-모든 일주 님의영광 - 다경배합-니 다 -

예배합-니다 - 찬양합-니다 - 주님만 -날다스리소서 -

예배합-니다 - 찬양합-니다 - 주님홀 -로높임받으소서 -

# 완전한 사랑 보여주신

(예수 좋은 내 친구 / My Best Friend)

Joel Houston & Marty sampson

완전한사랑보여주신 - 구세주그분아나요 그아들우리에게주신 -
구원하신주나는믿네 - 부활하신주나믿네 다시오실왕나는믿네 -

하나님그분아나요 그사랑알 - 기에 - 그아들나 - 는믿 - 네
그분과영원히살리 그사랑알 - 기에 - 그아들나 - 는믿 - 네

날 이 끄 소 - 서 예 수 좋은내 - 친구 - 내곁에계시네

- 영 원 히 변 - 치않 - 네 - 예 수 좋은 내 - 친 구

- 내 곁 에 계 시 네 - 영원히변 - 치않 - 네 - -

영원히변 - 치않 - 네 영원히변 - 치않 - 네 -

- 영원히변 - 치않 - 네 영원히변 - 치않 - 네 - -

# 144 우리는 주의 백성이오니

(We are Your people)

David Fellingham

미가엘
(구) 698
(신) 1872

우리는 주 의 백성이-오니 -
주의그 큰 이름 선포합-니다 -
이곳어두운 세 상에 빛으로부르셨 네
주의얼 굴 구 할때 역사하 소 서
교 회를 세우 시고 - 이 땅
고 쳐 주 소 서 - 주 님 나 라
임 -하시고 주 뜻이뤄지 이 다

미가엘
(구) 1352
(신) 1049

# 우리 보좌 앞에 모였네

(비전 / Vision)
고형원

A        A M7      D      E        A
우리 보 좌앞에 모 였네        함 께주를찬양-하 며

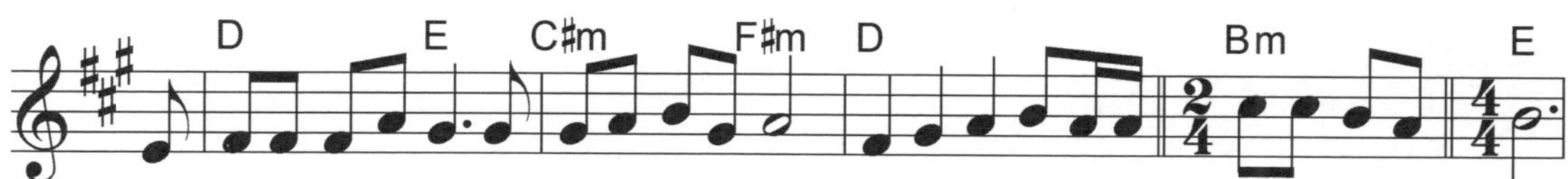

D      E    C#m      F#m    D        Bm        E
하 나님의사랑그 아들주셨네 그의피로우린    구원받았    네

A        A M7      D      E        A
십 자 가 에서쏟으신그 사 랑        강 같이온땅에- 흘 러

D      E    C#m      F#m    D        Bm      Esus4 E
각 나라와족속 백 성방언에서 구 원받고주    경배드리    네

A        F#m7      D2      Bm        E
구 원하심이- 보 좌에앉으신 우 리하나님과 어 린양께있도다

A2        F#m7      D2      Bm      E    A
구 원하심이- 보 좌에앉으신 우 리하나님과어 린양께있도 다

# 146 우리 함께 기도해

미가엘
(구) 1642
(신) 1306

고형원

E2    C#m7    A2
우 리    함께기도 해    주앞에나 -와-

B7    E2    C#m7    A2
무릎꿇고 -    긍 휼 베푸시는주    하늘을향 -해-

B7    C#m7    G#m7
두손들고 -    하늘문-이열 리고 - 은 혜의빗 줄기 -    이

A    B7    E  B/D#    C#m7
땅 가득내리 도 록    마 침내-주오셔서-의

G#m7    A    B7    E2
의 빗 줄기 - 우 리 위에부으시도 록

미가엘
(구) 679
(신) 1714

# 위대하고 강하신 주님

(Great And Mighty Is The Lord Our God)

147

Mariene Bigley

E2
A/E  E  B7
위대 하 - 고 강하 신 주님 -  우리 주하 나 님

F#m
Bsus4     B7     E  A/E
위대 하 - 고 강하 신 주님 -  우리 주하 나 님

E2
E7     A
깃발 을 높이 들고 흔 들며 -  왕 께 찬 양 해

A2     E     C#m  F#m7     B7     E     E7
위대 하 - 고 강하 신 주님 -  우리 주하 나 님 - - - - -

A2     E     E/B     A/B  B7  E
위대 하 - 고 강하 신 주님 -  우리 주하 나 님

# 148 유월절 어린양의 피로

(Under The Blood)

미가엘
(구) 1896
(신) 1585

Martin Nystrom & Rhonda Gunter Scelsi

유월 절어린양－의피 로  나의 삶의문이－열렸 네－
저 어둠의권－세는 힘이없네 주 보혈의능－력으로 － －
원 수가날정죄할 때 － 도  난 의롭게설수있 네－
난 더이상정죄함 없 －네  난 주보혈아－래있네 －
난 주보혈아 －래있네 －  그 피로내죄 －사 했 － 네 －
하 나  님의긍휼 날 거룩 케하시었 네 －
난 주보혈아 －래있네 －  난 원수의어 －떠한 공격에도
더이상넘 어 지지않네 난 주보혈아 －래있네 － －

# 은혜로다 주의 은혜

(은혜)

윤석주
D G A7 D
은혜로다 주의은혜 날살리신 - 주님의-큰은혜라
큰죄에서 날구했네 한량없는 - 주님의-큰은혜라
D G A7 D
은혜로다 주의은혜 날살리신 - 주님의-은혜
아들피로 날살렸네 측량못할 - 주님의-은혜
G F#m7 Bm Em7 A7 D
그은혜 - 내맘에 - 영원히 나를붙들고-가네 -
G F#m7 Bm Em7 A7 D
그은혜 - 평생에 - 영원히 나를일으키-시네 -

# 150 은혜로만 들어가네

(Only By Grace)

미가엘
(구) 1532
(신) 1554

Gerrit Gustafson

은혜로만 - 들어가 - 네 - 은혜로만 - 선다네 -
우리의노 - 력이아 - 닌 - 어린양의 - 보혈로 -
그분의임 - 재가운 - 데 - 오 라 - 하시네 -
우리를부 - 르신그 - 곳 - 은 혜로들어 - 가 네 -
주님의그 - 은 혜 - 범죄한우 - 리가어
- 찌 서 리 요 어린양의 - 보혈이 - 깨끗케 - 하시네
- 주님의그 - 은 혜 -
주님의 - 그은 혜 - 주님의그 - 은 혜 -

은혜 아니면 살아갈 수가 없네 151
(오직 예수 뿐이네)
소진영

은혜아니면 - 살아 갈수가 - 없 네 호흡마저도 - 다
주의 것이니 - - - 세상평안과 - 위로 내게없 - 어 도예 - 수
오직예 수뿐 - 이 네 크 신계 - 획 - 다 볼수도없고 -
작은 - 고난 - 에 지 쳐도 - 주 께묶 - 인 - 나의모든삶 -
버티고 - 견디 게 하시네 - - - 은 혜 아니면 - 살아
갈수가 - 없 네 나의모 든것 - 다 주 께 맡기니 - - -
참된평안과 - 위로 내게주 - 신 주예 - 수 오직예수뿐 - 이 네

# 152 이 땅에 오직 주 밖에 없네

미가엘
(구) 1839
(신) 1772

정종원

이 땅에 - 오직 - 주밖에 - 없네 - 그 무엇도
나를 - 채울수 - 없네 - 주님의 - 평안 - 내안에
있네 - 그누구도 - 빼앗을수없네 - 이땅에 -

세상은변 - 해가 - 고 소망은힘 - 을잃 - 어도 - 변
폭풍이몰 - 려와 - 도 두려움물 - 러가 - - 네 - 우
이세상어 - 디에 - 서 평안을찾을수있 - - 나 - 목
우리가바 - 래왔 - 고 꿈꾸어왔 - 던미 - 래가 - 그

함없이 - 붙드 - 시는 - 그 구원의 - 손길 -
릴위해 - 싸우 - 시는 - 그
숨까지 - 내어 - 주신 - 그 깊은사 - 랑을 -
한없는 - 사랑 - 안에 - 서

손을의지해 - 열리고있네 - 이땅에

# 이 땅에 오직 주 밖에 없네

F          A m7/E          A7
- 오 직 - 주 밖 에 - 없 네 - 그 무 엇 도
D m7          F     C          F
- 나 를 - 채 울 수 - 없 네 - 주 님 의 - 평 안 - 내 안 에
C/E          A7     Dm     G m7/C  C7     F
- 있 네 - 그 누 구 도 - 빼 앗 을 수 없 네 -

# 153 이 땅의 황무함을 보소서

(부흥)

미가엘
(구) 1361
(신) 1033
고형원

이땅의황무함을 보소서 - 하늘의 하나님 - 긍휼을 베푸시는주여
우 리의죄악용서 하소서 - 이 땅 고쳐 주소 서
이제우리모두하 나되어 - 이땅의 무너진 - 기초를 다시쌓을때
우 리의우상들을 태우실 - 성령의불 - 임하소 서
부흥의불길 - 타오르게 하소서 - 진리의말씀 - 이땅새롭게 하소서 -
은혜의강물 - 흐르게 하소서 - 성령의바람 - 이제불어 와
오 - 주 의영 - 광 가 득한 새 날주소 서
오 - 주 님나 - 라 이 땅에 임 하소 서

미가엘
(구) 1698
(신) 1602
일어나라 주의 백성
154
이천
일어나라주 -의백성- 빛을발-하라 -
주가너의 영 -광으로- 임하시 리라 -
온세상이 어 -둠 속에 헤 - 매고 - 있지만 -
주가너와 함 -께 계 셔 회 - 복을명하리라 -
일 어 나 라 - 빛을 발 하라-
만백성이 - 너의빛 -을보 -고- 사방에서나아오네
- 일어나라 - 빛을 발 하라-
만백성이 - 자유함 -을얻 -어- 기 뻐 하는도다 -

# 155 저 죽어가는 내 형제에게

(메마른 뼈들에 생기를)

미가엘
(구) 1635
(신) 1993

고형원

저   죽어가는 - 내형제 에게 - 생명을  주소 서   흑
소망없는 - 텅빈가 슴에 - 새날을  주소 서   고

암의권세 - 에매여 -    내일 을빼앗긴 - 저들에 게   저

통의멍에 - 에매여 -    신음 하고있는 - 저들에 게

-  아버지 여  이백 성   다 시  살게 하소 서

묶였 던자 자유케되 는   영 광 의날을주 - 소 서

아버지 여  이나 라   주 의 것되게하 - 소 서

Fine
영원 하신 하늘아버 지   다 시 섬기게하소 서

Eb    F/Eb  Bb/D    Cm         F        Bb
메    마른뼈들에 – 생 기를    부어주소서 –아버지 의긍휼–
Eb    F/Eb   Bb/D    Cm        /A      D sus4
D.S.
주의군대로 –서게하 소서    성령의바람 –이제불어   와

# 전심으로 주 찬양

(주의 찬송 세계 끝까지)

**156**

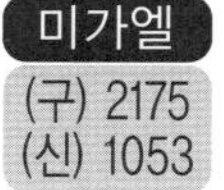
미가엘
(구) 2175
(신) 1053

고형원

E            G#m        A            Am          E
전 심 으로주찬 양   주의 이름높 – 이올려드리 세

E            G#m        A            B7          E
위    대 하신하나 님   온땅 위에높 – 이올려드리 세

A      B7        G#m7   C#m7        A      B7        E    E7
주 의영광은 – 하 늘위에높고  주의 찬 송은세계 끝까 지 – –

A      B7        G#m  G#7 C#m7      A      B7          E
주 의영광은 – 모 든나 라위에 주의 찬 송은세계끝 – 까 지

# 157 저 바다보다도 더 넓고

(내게 강 같은 평화)

이혁진 편곡 & Negro Spirilual

저 - 바다 - 보 - 다 - 도 더넓 - 고 - 저 산과 - 하 - 늘보다
더높 - 은 주님의 은혜 - 가 - 이 곳에 - 가 - 득 - 해 -
살아 계신 - 주 - 나 - 의하나 - 님 언제나 넘치 - 는 - 주의사
랑으 - 로 내안에 가득 - 히 - 넘쳐 - 흐 - 르 - 네 -
내게 강 같 은 평화 내게 강 같 은
평화 내게 강 같 은 평화 가 넘 치 네
내게 강 같 은 평화 내게 강 같 은
평화 내게 강 같 은 평화 가 넘 치 네

# 전능하신 나의 주 하나님은 158
### (Nosso Deuse poderoso)

Alda Celia

미가엘
(구) 2066
(신) 1957

전능 하신나 -의주 -하나 - -님은 -　능치 못하실 -일전 혀-
없 -네-　우리 의모든 -간구 - -도 우리 의모든 -생각 - -도 우리
의모든 -꿈과 -모든 -소망 - -도-　신실 하신나 -의주 -하나 - -님은
-　우리의 모 든괴 - 로움 - 바꿀 -수- 있 -네 -　불가
능한일 -행하 -시고죽은 자를일 -으키 -시니그를이길자 -아무 -도없 - -네
-　주의말씀 의지 하여 - 깊은곳에 그물던져 -　오늘
그 가놀 - 라운 - 일을 - 이루 - 시는 -것보라 -　주의말씀
의지하여 - 믿음으로그물던져 - 믿는자에겐 - 능치 -못함 - 없네 -

미가엘
(구) 843
(신) 1181

# 159 정결한 마음 주시옵소서
(Create In Me A Clean Heart)

Keith Green

정 결 한 마음주시 옵소서 - 오 - 주 님
정 직 한영을 새 롭 게하소 서 - -
나를주 님앞에서 - 멀리하지 마시고 -
주의성 령을거두지마옵소서 -
그 구 원의기 쁨 다시회 복시키 시 - 고
변 치않는맘 내 안에주소 서 -

미가엘
(구) 671
(신) 1673

# 존귀 오 존귀하신 주

(Worthy Is The Lord)

160

Mark Kinzer

존 귀 오 존-귀하-신 주 -
감사찬양 과-경배-다 받으실주님 - - - - -
존 귀 오 존-귀하-신 주 -
감사찬양 과-경배-다 받으실주 님 -
찬양 할 렐루-야- 보 좌위어 린양께-
우 리 경배하-며- 영 광돌리네 -
할 렐루-야- 우 리왕께영-광-
주는승 리 의용-사- 또만 유의주 님 -

# 161 좋으신 하나님 인자와 자비

미가엘
(구) 1803
(신) 1555

(You Are Good)

Israel Houghton

E    EM7    E7    A/E
좋으-신하나-님 인자-와자비-영 원-히--

A    B/A    C/A    D/A
각나-라족속-과 백성-방언 세상-모든세-대 영원-토록주

E    B    D    A/C#
경 배-해-    할렐루--야 할 -렐루--야주

E/G#    B    D    1. A
경 배 -해 - 주하나-님 -    주

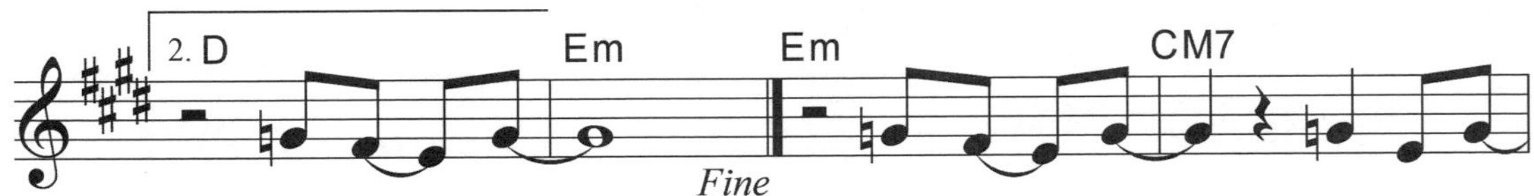

2. D    Em    Em    CM7
Fine
You  are - good -    You are - good -  All the time

Em    CM7    E
D.C.
-  All  the  time -  You are - good -

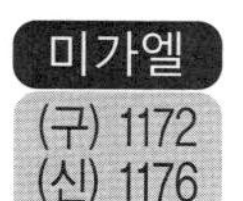

# 죄악된 세상을 방황하다가

(불 속에라도 들어가서)

162

미가엘
(구) 1172
(신) 1176
최수동 & 김민식

F        Dm       Gm       C7
죄   악된 세상 을      방 황하 다 가
탕   자를 살려 준      주 님말 씀 에
골   고다 언덕 길      오 르신 예 수

F        Dm       Gm/B♭    C7
천 국 과   지 옥 도   나 – 는   몰 랐 네
죄 인 의   두 다 리   묻 – 어   두 었 네
추 수 할   일 꾼 들   찾 – 아   부 르 네

F        Am       B♭       /D   C7/E
고 집 대   로 영 죽 을   험 한 세 상 이
아 들 이   여 일 어 나   내 손 을 잡 고
거 친 바   다 험 한 산   피 가 맷 혀 도

F        B♭       F       /C C7   F
왜 그 리   – 더 러 운 지   이 제 야 아 네
남 은 몸   – 모 든 영 혼   바 치 라 하 네
십 자 가   – 내 가 지 고   끝 내 이 기 리

F        Am       B♭
불속에라도 들어 가서 –  불속에라도 들어 가서 –

C7   F        Gm       C7       F
세 상 에   널 리 전 하 리   주 의사 랑 을

# 163 주가 보이신 생명의 길

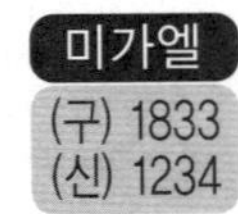

미가엘
(구) 1833
(신) 1234

박정은

주가 보이신 - 생명 의 - 길 - 나 주님과함께 -
상한 맘을드리며 - 주님 - 앞에 - 나 - 가리 -
나의 의로움 - 이 되신주 - 그 이름예수 -
나의 길이되 - 신 이 - 름 - 예 - - 수 -
나의 길 오직그 - 가 아 - 시나니 - 나를
단련하신 후 - 에 - 내 가 -
정금 같 이 나 - 아 오 리 라 -

# 주께 가까이 날 이끄소서

Adhemar de Campos

주 께 가 까 이 - 날 이 끄 소 서 - - -
간 절 히 주 - 님 만 - 을 원 합 니 - 다 - - 채 워 주 소 서 -
주 의 사 랑 을 - - - 진 정 한 찬 - 양 드 - 릴 수 있 도 - 록
목 마 - 른 나 의 영 혼 - 주 를 부 르 니 - -
나 의 맘 - 만 져 - - 주 - 소 서 - - 주 님 만 을 원 합 니 다 -
더 원 합 니 다 - - 나 의 맘 - 만 져 - - 주 소 - 서 -

165
주께 가오니
(The Power Of Your Love)
Geoff Bullock
미가엘
(구) 1535
(신) 1532

주께가 오니 - 날새롭게 하 시고 -
나의눈 열어 - 주를보게 하 시고 -

주의은혜 를 부어주 - 소 서
주의사랑 을 알게하 - 소 서

내 안에발 견한 - 나의연약 함 모두 -
매 일나의 삶에 - 주뜻이뤄 지 도록 -

벗어지리 라 - 주의사랑으로 - - - -
새롭게하소 서 - 주의사랑으로 - - - -

주 사랑 - 나를붙드 시 - - 고

주 곁에 - 날이끄소 - 서 -

독 수리 - 날개쳐올라 가 - - 듯 나주님과함 께

일어나걸으 리 주의사랑안에 - - -

미가엘
(구) 593
(신) 1691

# 주께 와 엎드려
(I Will Come And Bow Down)

166

Martin Nystrom

C  Am  Dm  F/G  G7
주 께 와 엎 드 려 경 배 드 립 니 다
G/F  Em  A7(♭9)  Dm  Gsus4
주 계 신 곳 엔 기 쁨 가 득 -
G7  Am  Bsus4  B/D#  Em  A7
무 엇 과 도 누 구 와 도 바 꿀 수 없 네
Dm  F/G  G7  F  C/E  Dm  C
예 배 드 림 이 기 쁨 됩 니 다 -

# 167 주 나의 모습 보네

(주 은혜임을)

정선경 & 소진영

주 나의 모습 보 네    상한나 - - 의맘 보시 - 네
주 사랑내 게있 네    그사랑 - - 이날 채우 - 네

주 나 의눈 물아 네    홀로울 - - 던맘 아시 - 네
주 은혜내 게있 네    그은혜 - - 로날 세우 - 네

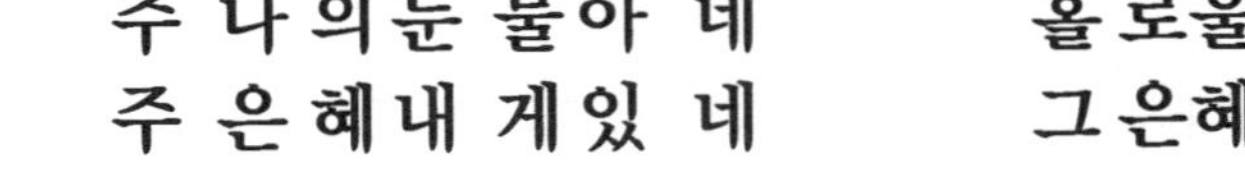

세상소 - 망 - 다 사라져가 - - 도 - 주의사랑 - 은끝 이없으 - 니 -

살아가 - 는 - 이 모든순간 - - 이 - 주 은혜임을 - 나는믿 - 네

주 날 구원했으니
(멈출 수 없네)
심형진

G          Em
주 날 구 원 했 -으 니 -    어 찌 잠 잠 하 -리 -
주 내 죄 사 했 -으 니 -    어 찌 잠 잠 하 -리 -

C                      G
기 쁨 의 -    찬 송 드 -리 리
기 쁨 의 -    경 배 드 -리 리

Am              G/B
주 를 향 -한 -    나 의 사 -랑 -

C              D
멈 출 수 없 -네 -    멈 출 수 없 -네 -

G              3    Em
나 -    기 쁨 의 춤 추 리 -    내

1. C          D
모 든 슬 -품 바 꾸 셨 네 -    -

2. C      D      G
모 든 삶 -주 안 -에 -있 네

169
주님같은 반석은 없도다
(만세 반석 / Rock Of Ages)
미가엘
(구) 1751
Rita Baloche
주님같은 반석은없 - 도다 찬 양받기
합당하신 - 이 름 - 변 치않으시 - 는
구 원의반석 - 신 실하시고 - 진실하 - 신주
주님같은 반석은없 - 도 다
만 세반 - - - 석 예 수내 - 반 - 석
만 세반 - - - 석 예 수내 - 반 - 석
주님같은 반석은없 - 도 다

미가엘
(구) 1734

# 주님 곁으로 날 이끄소서

(Draw Me Close To You)

Kelly Carpenter

A        D/A        E/A        A

주님곁 - 으로 -        날이끄 - 소서 -
나의참 - 소망 -        그무엇 - 과도 -

E2/G#        D/F#        F#m9   F#m9/E        D M7        D6

내모든것 - 다드 - 리며 -        주음성들 - 기원 - 하네 -
바꿀수없 - 는주 - 사랑 -        그품안에 - 나안 - 기리 -

A/E        D/E        E        A        D/E   E

주님의 - 길로 -        인도하 - 소서 -

A        E/A   D2/A        A        E/G#   D2/F#        E 7sus4   E7

주님 - 만이 -        내모 - 든것 - 되시 - 니 -

A        E/A   D/A        E sus4        E        A

주님 - 만을 -        더 알게하 소서 -

# 171 주님과 같이

(There Is None Like You)

Lenny LeBlanc

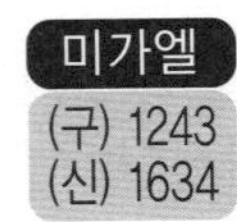

미가엘
(구) 1243
(신) 1634

G  D/F#  C/E  G/D  C  G/B  Am  D7
주님과 같 - - 이 - 　내마음 - 만지는 분은없네 -

G  D/F#  G/F  C/E  G/D  Dsus4  G
Fine
오랜세 - 월찾아 난알았네 - 내겐 - 주밖에 없 - - - - 네 -

CM7  C/D  G  Em  Am  D/F#  G
주 자비강 - 같이 흐르 - 고 주 손길치 - 료 - 하 - 네

CM7  C/D  G  Em  Am  C/G  D/F#  C/E  D
D.C.
고통받는 - 자녀품 - 으 - 시 - 니　주밖에 없 네

# 주님과 함께 하는

(온 맘 다해 / With All My Heart)

172

Babbie Mason

F        F/A        C/B♭   B♭        D7/A      Gm7
주 님과함께하는   이 고요한-시-간 주 님의보좌앞에
나 염려하잖아도   내 쓸것아-시-니 나 오직주의얼굴

C7sus4          C7        Am7                    Dm7      /C       B♭ F/A
내 마음을-쏟-네     모든것아시는주님 께 감출것없네
구 하게하-소-서 다 이해할수없을때라 도     감사하며

Gm7            F/A          B♭M7      B♭6        C7sus4    C7
내 맘과정성다해 주     바 라나-이-   다
날 마다순종하며 주     따 르오-리-   다

F    F/A        B♭M7 B♭6    D7/A    Gm7 /F         C7sus4 C7
온맘다 해    사랑합 니다-  온맘 다 해    주알기 원하네

Dm    /C        G9/B   G7/B      F/C      B♭/C C7      F
내모든 삶    당신것 이니 -  주만섬 기 -리 온맘다 해

173
주님께 감사드리라
(For The Lord Is Good)
Billy Funk

E          E
주님 - 께감사 - 드 리라 -     주 께찬 - 양 하 라

C#m                      A      F#m7      B sus4
기쁨 - 으로주 - 께 나와 -   주의 이름 - 을 - 찬양하 라 -

E                        E
나팔불 - 며주찬 - 양 하라 -   북소리 - 로찬양 - 하 라

C#m              C#m              A       F#m7
모든 - 만물소 - 리 높여 - 찬양   마음 다하 - 여 -   주를

B sus4     B 7         A M9
찬 양 - 해 - 선하   신주 - 님 - (선하 신 주 - 님 -) 선하

G#m11            G#m              F#m7
신주 - 님 -   (선하 신 주 - 님 -)   선하 신주 - 님 - 그의

1. A/B              E              Bm    E 7
자 비 - 는영 - - 원 하 - - 리 -              선하

2. A/B         B 7         E
자 비 - 는영 - - 원하 - - 리 -     -

# 주님 나를 부르셨으니

미가엘
(구) 993
(신) 1446
174

윤용섭

주님 나 를부르셨으 니 주님 나 를부르셨으 니
주님 나 를사랑했으 니 주님 나 를사랑했으 니
주님 나 를구원했으 니 주님 나 를구원했으 니

내모 든 정성 내모 든 정성 주만위 해바칩니 다
이몸 바 쳐서 이몸 바 쳐서 주만따 라가렵니 다
소리 높 여서 소리 높 여서 주만찬 양하렵니 다

주 - 님 주 - 님 나의기 도들 으 - 사
영원토 록주 님만을 사모 하 게하옵소 서
언제까 지주 님만을 사모 하 게하옵소 서
할렐루 야주 님만을 사모 하 게하옵소 서

# 175 주님 내가 여기 있사오니

(나를 받으옵소서)

주님 내 가여기있 사오니 나를보 내소-서
나의맘 나의몸 주께드리오-니 주 받으옵 소 서
주님 내 가여 기있 사오니 나를써 주 소-서
가진 것 모두다 주께드리오-니 주 받으옵 소 서
할 렐 루 - 야 할--렐-루-야
할 렐 루 - 야 - - - - 할-렐루야 주님
야 나를받으옵 소 서 나를받 으
옵 소 서 -

미가엘
(구) 772
(신) 1719

# 주님 내 길 예비하시니

176

(여호와 이레)

홍정표

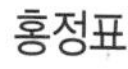

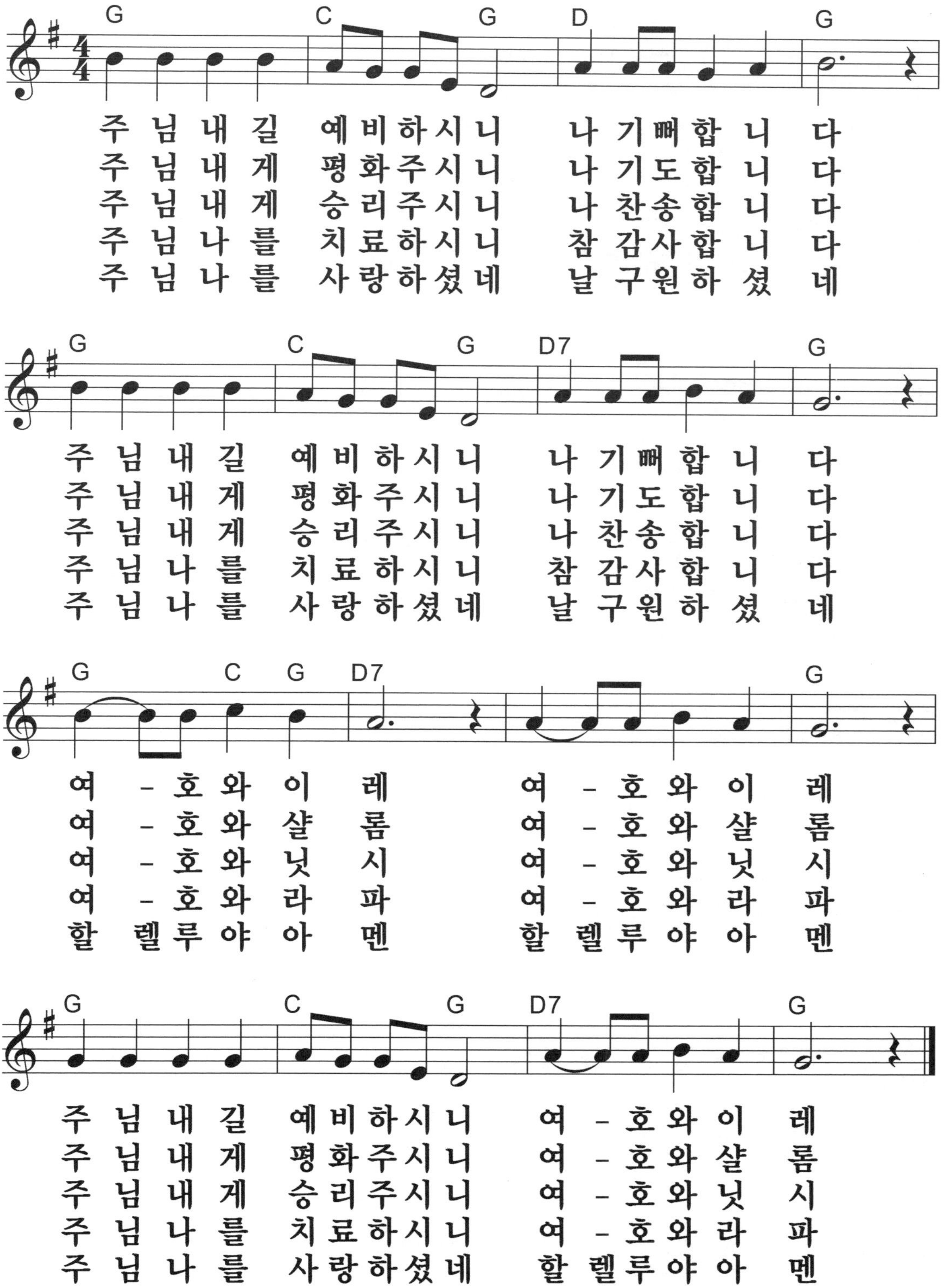
G C G D G
주 님 내 길 예 비 하 시 니 나 기 뻐 합 니 다
주 님 내 게 평 화 주 시 니 나 기 도 합 니 다
주 님 내 게 승 리 주 시 니 나 찬 송 합 니 다
주 님 나 를 치 료 하 시 니 참 감 사 합 니 다
주 님 나 를 사 랑 하 셨 네 날 구 원 하 셨 네
G C G D7 G
주 님 내 길 예 비 하 시 니 나 기 뻐 합 니 다
주 님 내 게 평 화 주 시 니 나 기 도 합 니 다
주 님 내 게 승 리 주 시 니 나 찬 송 합 니 다
주 님 나 를 치 료 하 시 니 참 감 사 합 니 다
주 님 나 를 사 랑 하 셨 네 날 구 원 하 셨 네
G C G D7 G
여 - 호 와 이 레 여 - 호 와 이 레
여 - 호 와 샬 롬 여 - 호 와 샬 롬
여 - 호 와 닛 시 여 - 호 와 닛 시
여 - 호 와 라 파 여 - 호 와 라 파
할 렐 루 야 아 멘 할 렐 루 야 아 멘
G C G D7 G
주 님 내 길 예 비 하 시 니 여 - 호 와 이 레
주 님 내 게 평 화 주 시 니 여 - 호 와 샬 롬
주 님 내 게 승 리 주 시 니 여 - 호 와 닛 시
주 님 나 를 치 료 하 시 니 여 - 호 와 라 파
주 님 나 를 사 랑 하 셨 네 할 렐 루 야 아 멘

# 177 주님 다시 오실때까지

미가엘
(구) 1994
(신) 1063

고형원

주 님 다시 오실 때 까-지 나-는 이길을가리 라
좁은- 문 좁은- 길 나 의십자가지 고
나 의가는이길 끝 에-서 나-는 주님을보리 라
영광-의 내주-님 나 를맞아주시 리
주님다시 오실 때까- 지 나는 일어나 달려 가리라
주의영광온땅덮을- 때 나는 일어나노래하 리
내 사모하는주 님-- 온세상 -구주시 라
내 사모하는주 님-- 영광의 왕이 시 라

주님 뜻대로 살기로 했네    178
(돌아서지 않으리 / No Turning Back)
김영범
주님뜻대로- 살기로 했네- 주님뜻대로-
이세상사람- 날몰라 줘도- 이세상 사람-
세상등지고- 십자가 보네- 세상등지고-
살기로 했네- 주님뜻대로- 살기로 했네-
날몰라 줘도- 이세상사람- 날몰라 줘도-
십자가 보네- 세상등지고- 십자가 보네-
뒤돌아서 - -지 - 않겠네 - - - - 뒤돌아서 - -지
- 않겠네 - 어떠한 시련이-와도 - 수많은
이해못-하고 - 우리를
유혹속-에도 - - - 신실하신 -주님- 약속 -나붙들 리라
조롱하-여도 - - - 신실하신 -주님- 약속 -만붙들 리라
1.G sus4  G    2.G sus4  G    C F/C  C
- - 세상이 - 결코 돌아서지 않 으리
Word and Music by 김영범
© BEE COMPANY(www.beecompany.co.kr). All rights reserved. Used by permission.

# 179 주님만이 나의 구원

(주님만이)

강명식

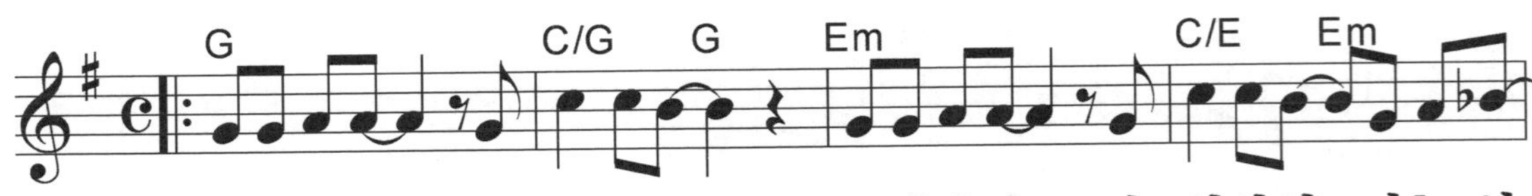

주님만이 - 나 의구원 - 주님만이 - 나 의반석 - 나는 영
주님만이 - 나 의승리 - 주님만이 - 나 의능력 - 나는 더

- 원히 주 찬양하리 -
- 욱더 주 의지하리 -

1. 아 무것 - 도 - 보 이지 - 않 는
2. 내 모습 - 에 - 절 망할 - 때도

광 야의 - 길 - 걸 어갈 - 때도 -
원 수가 - 날 - 조 롱할 - 때도 -

보이지않 - 는 주 님의손이 - 나를붙잡 - 고 인 도하시니 -
나를향하 - 신 주 님의사랑 - 끝까지나 - 를 사 랑하시니 -

나두렴없 - 이 달 려가 - 리 라 -
나기쁨으 - 로 선 포하 - 리 라 -

사망이나 - 생 명 이나 - 이세상의 - 그 무엇도 - 주사랑
- 에서 끊 을수없네 -
주님만이 - 나 의구원 - 주님만이 - 나 의반석 - 나는영
주님만이 - 나 의승리 - 주님만이 - 나 의능력 - 나는더
- 원히 주 찬양하리 -
- 욱더 주 의지하리 -
주님만이 - 주님만이 -
주님만이 - 주님만이 -

# 180 주님 말씀하시면

(말씀하시면)

김영범

주님 말씀하-시면 - 내가 나아가-리다 -
주님 뜻이아-니면 - 내가 멈춰서-리다 -
나의 가고서-는 것 - 주님 뜻에있-으니 -
오주 -님- 나를이끄- 소 -서- 주님
뜻하 신그-곳에 - 나있 기원합-니-다 - 이끄
시는-대로 - 순종하며살-리-니 - 연약한내-영혼
- 통하여일하-소-서 - 주님 나라와- 그 뜻을위-하여
- 뜻하 오-주 -님- 나 를이끄-소 -서-

# 주님 보좌 앞에 나아가

## 181

(신실하신 하나님 / Lord I Come Before Your Throne Of Grace)

Robert Critchley & Dawn Critchley

A   Bm   E   A   D   A/C#   Bm7   Esus4
주 님보좌앞 - 에 나아가 참된 안식과기쁨 - 나 누리 - 겠네
기 도들으시 - 는 하나님 폭풍 속에내등불 - 내 노래 - 시라

E7   A   Bm   E E7 A F#m   Bm7   Esus4 E7 A
경 - 배하 - 며주의얼 - 굴 구 할 때 신실 하신주 - 님찬 양   해
주의 날개 - 아래서내 - 맘 쉬 리 니 신실 하신주 - 님찬 양   해

Bm7   D6/E E   A   D2/A A
신실하 - 신 하 나님 -   - 신실하 - 신 -주 -

F#m   Bm7   D/E   Esus4   A D/A A (Esus4 E)
나의주 - 하 나 님은 -   신실 - 하신 주 님
Fine

A   Bm   E   A   D   A/C#
평 화내려주 - 신 하 나 님 나로 고통받 - 는자 - 를

Bm7   Esus4 E7   A   Bm   E
위로 하게하 - 소서 나의 평생에 - 주의 사랑   을 전하

F#sus4   F#7   Bm7   Esus4 E7   A   D.S. al Fine
리   신실 하신주 - 님찬 양 해 신실하 - 신

# 182 주님 손에 맡겨 드리리

(전심으로 / With All I Am)

Reuben Morgan

미가엘
(구) 2093

D  F#m/C#  A/C#  Bm  F#m/A

주 님손에 - - - 맡겨드-리리 - - 나의-삶
주 와함께 - - 걸어가리--라 - 모든길-을

G  Asus4  A  D  F#m/C#  A/C#

- 주님께-- 주님손이- - 나의삶붙드-네
- 주신뢰-해 주뜻안에- - 나-살아가-리

Bm  F#m/A  G  Asus4  A  Em

- --나주의-것 - 영원히-- -
- -주의약속-은 - 영원해-- -

A  %D  A/C#  G/B

내가믿-는분 - 예수 - 내가속-한분

D/F#  F#m  G  Em  3rd time To Coda

- 예수 - 삶의이유되-시네- -내노래되-시네

1. Asus4  A  D  D/A

- - 전심 - 으로 -

2. Asus4  A  Dsus4  D  D9  Em9

- -전심-으-로

# 주님 손에 맡겨 드리리

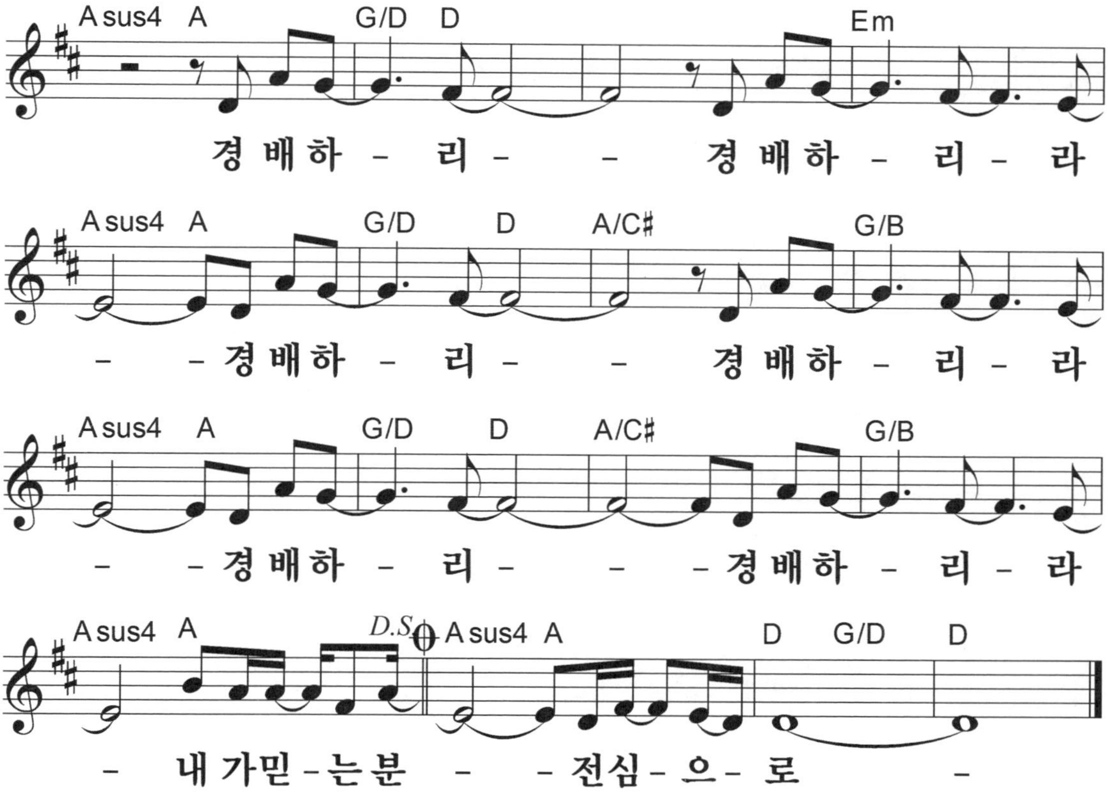

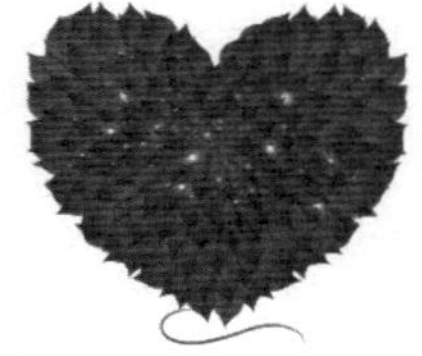

경배하 - 리 - - 경배하 - 리 - 라
- -경배하 - 리 - - 경배하 - 리 - 라
- -경배하 - 리 - - -경배하 - 리 - 라
- 내가믿 -는분 - -전심 -으- 로 -

183 주님 어찌 날 생각하시는지
(나는 주의 친구 / Friend Of God)
Michael Gungor & Israel Houghton
E
C#m7
주님 어 - 찌 날 - 생 각 - 하시는 - 지 -
C#m7
F#m7
E
들 - 으시는 - 지 - 내 - 기 도 -
E
C#m7
- 주님 진 - 실 로 - 날 생 - 각하시 - 네 -
C#m7
F#m7
1.
D2
날 - 사랑하 - 네 - 놀라워 - 라 -
D2
2.
D2
- 놀라워 - 라 - -
3. D2
D2
놀라워 - 라 - - - 놀라워 - 라 -
D2
D2
%. E
- - 놀라워 - 라 - - 나는주의 - 친 - 구
E
C#m7
F#m7
- 나는주의 - 친 - 구 - 주님날친 - 구 - 로

F♯m7
E
- 부 - 르 - 셨 - 네 - 나는주의 - 친 - 구
E    C♯m7    F♯m7
나는주의 - 친 - 구 - 주님날친 - 구 - 로
F♯m7    Last time to Coda    1. E    F♯/E
- 부 - 르 - 셨 - 네 -
2. E    E/G♯    F♯m    A
A2    E/G♯
전 능 하 신 영 광 의 주
F♯m    A2    1, 2, 3.
주 는 내 친 구 -
4. B    D.S. al Coda    E

# 184

## 주님은 신실하고
### (Sweeter Than The Air)

Scott Brenner & Andre Ashby

미가엘
(구) 1821

주님-은 - 신실하고 - 항상거기 - 계-시네
- 주사랑을뭐 -라할까 - 주사랑 - 이내생
명보다귀 -하-고 - 주사랑 -이파도 보다더강 -해-요
- 세월이 - 가고꽃 은시들어도 - 주사랑 -영원해 - 주님
- 사랑 - 신실해 - 요 - 사랑 - 신실해 - 요 -

미가엘
(구) 1990

# 주님은 아시네
(King Of Majesty)

Marty Sampson

A
F#m7
주님은 아시네 주사랑 하는맘
내마음 다하여 주님께 고백해

E
1. D
A    D    F#m7    D
이전보-다더- 주님-알기원-해-
주님만-위해-

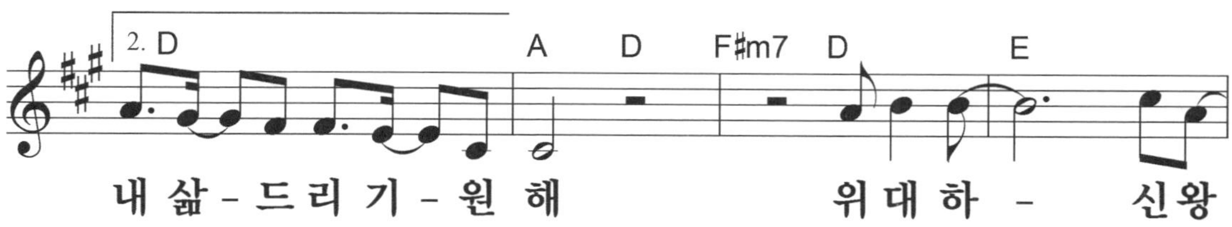

2. D
A    D    F#m7    D    E
내삶-드리기-원해 위대하- 신왕

D    F#m7    E    F#m7
-내맘의- -한소-망 언제나-주와-함께

D    E    F#m7    D
-언제나-주와-함께-

A    D    E    D    A    F#m7
예수나의영혼의구세-주

E  D    A    F#m7    E  D    A
영원무궁히주님만을나찬양-하리

# 186 주님이 주신 땅으로

(이 산지를 내게 주소서)

홍진호

주님이 주신 땅으로 - 한걸음씩 - 나아갈 때에
수많은 적들과 견고한성이 - 나를 두렵게 - 하지만
주님을 신뢰함으로 - 주님을 의지함으로 -
주님이 주시는 담대함으로 - 큰 소리외치며 - 나아가 네
이산지 를 내게주소 - 서 - 그날에 - 주께서
말씀 - 하신 이제내가 주님의 이름으로 - 그땅
을 취하리니 이산지 을 취하리니 -

미가엘
(구) 2068
(신) 1609

# 주님이 홀로 가신

(사명)

이권희

주님이 홀로가 신그길 나도따 라가 오
모든 물 과피를 흘리신 그길 을 나도- 가 오
험한 산 도 나는 괜찮소 바다 끝 이라도나는 괜찮소
죽어가 는 저들 을위해 나를 버 리길바라 오
아버지 나를보내주 오 나는달 려가 겠 소
세상이 나를미워해 도 나는사 랑하겠 소
생명을 버리면서까 지 나를사 랑한당 신
목 숨도아끼지 않겠소 나 를보내주 오
세 상을구원할 십자가 나 도따라가 오
이 작은나를받 아주오 나 도사랑하 오

# 188 주님 큰 영광 받으소서

(Jesus Shall Take The Highest Honor)

Chris Bowater

주님 큰영광받 - 으 소서 - 홀로찬양받으 - 소 서

모든 이름위에 - 뛰어 난그이름 - 온 땅과하 - 늘이다찬 - 양 해

겸손하 - 게우리무 - 릎 꿇고 - 주 이름앞 - 에영광돌 - 리 세

모 두절하세 - 독생 자예 - 수 - 주님께 - 찬양드 - 리 리 모든

영광 과존귀 와 능력 - 받으소서 - 받으소서 -

그 리 스 도 살아계신 - 하 나 님 -

# 주를 영원히 송축해

(내 기쁨 되신 주 / Made Me Glad)

Miriam Webster

주를 영원히 송축해
항상 주 의지하리
두려움 속에서 날 건지사
내가 사모할 자 오직 주
반석 위에 날 세우셨네 요
주와 같은 분 없으리 내
동하지 않고 주를 고백하리 나의 방패
기쁨 되시는
힘과 내 기업 구원자 피난
처 강한 성루 언제 나 나의 도움 되시네

# 190

## 주를 찬양해
(신령과 진정으로)

심종호

주를찬 -양해 나의맘 -다해
찬양가 -운데 임하시는주 -
우리맘 -다해 주를높 -일때-
기쁨내 -안에 흘러넘치네 - - - -
- 주를찬 흘러넘치네 - - - - - - 감사의
-노- -래주 -께 - 내게새 -일행 - -하시 -네 - 주님의
-은혜 -크신사 -랑찬 -양하 -네- 주님을
-경 - -배할 -때 주를더 -욱알 - -기원 -해 - 거룩하

주를 찬양해

A    E/G#    F#m7    /B    E    1.
-신 주 -전능하 --신하 - 나님 -    주를찬

2. E    D 6    A/C#    A m/C
주를갈 -망하-는것 -    주를예 -배하-는것

E/B    F#sus4    F#7    B sus4
-  주를기 -뻐 하 -는 것    신령과진정으로 -

B    D 6    A/C#    A m/C
주를갈 -망하-는것 -    주를예 -배하-는 것

E/B    F#sus4    F#7    D
-  주를기 -뻐 하 -는 것    신령과진정으로 -

D    B
신령과진정으로 - - - - - -  - 감사의

E    G#7(#5)    D.S.    E
- 노 --래주 -께 - 내게새 -    거룩하

A    E/G#    F#m7    /B    E
-신 주 -전능하 --신하 - 나님 -

191
주를 찬양하며
(I Just Want To Praise You)
Arthur Tannous

미가엘
(구) 737
(신) 1925

F   Dm7   Gm7   C7
주 - 를찬양 하 - 며 나 - 이제고백 하는말
손 - 을높이들 - 고 나 - 이제고백 하는말

Am7   Dm7   Gm7
주 - 를사랑 합니다 나의 - 모든것
주 - 를사랑 합니다 오거 - 룩하신

1. C7   F  Bb/F  F  Bb/C   2. C7   Am7
되 신주님 께 - 주 의이름거 - 룩하신

D7   Gm7   C7   Bb/F   F
주 의이름 주 - 의이름높 이올리 세 -

미가엘
(구) 1807
(신) 1543

# 주를 향한 나의 사랑을
## (Just Let Me Say)

192

L. Geoff Bullock

주를향한 나의 사 랑을 주께 고 백하게 하소 서
부드러 운 주의 속 삭임 나의 이 름을부 르시 네
온맘으 로 주를 바 라며 나의 사 랑고백 하리 라

아름다 운 주의그늘아래 살 며 주를 보 게하소 서
주의능 력 주의영광을보 이사 성령 을 부으소 서
나를향 한 주님의그크신 사 랑 간절 히 알기원 해

주님 의 말씀 선포 될 때에 땅과 하늘 진동 하리 니
메마 른 곳거 룩해 지 도록 내가 주를 찾게 하소 서
주의 은 혜로 용서 하 시고 나를 자녀 삼아 주셨 네

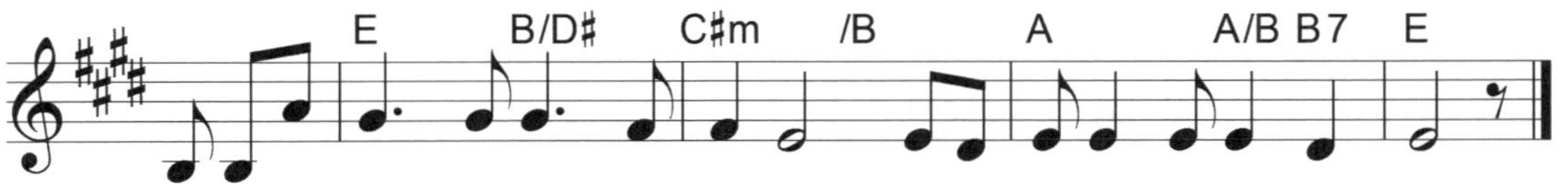

나 의사 랑 고백 하 리라 나의 구주 나의 친 구
내 모든 것 주께 드 리리 나의 구주 나의 친 구
나 의사 랑 고백 하 리라 나의 구주 나의 친 구

# 193 주 발 앞에 나 엎드려

(오직 예수 / One Way)

Joel Houston & Jonathon Douglass

미가엘
(구) 2268
(신) 1604

주 발앞에 나 엎드려    주만간절 히원해
언제나어 디서나    크고깊은 은혜로

주 계신곳 나 바라봅 – 니 다 –    –
주 님항상 내 안에계 – 시 네 –    –

근 심속에 주 찾 을 때    – 모든필요 내  려놓고
변 함없으  신주님    – 어제오 늘  영원히

겸 손하게 모두 – 드 – 리 리 –    –
한 결같이 함께 – 하 – 시 네 –

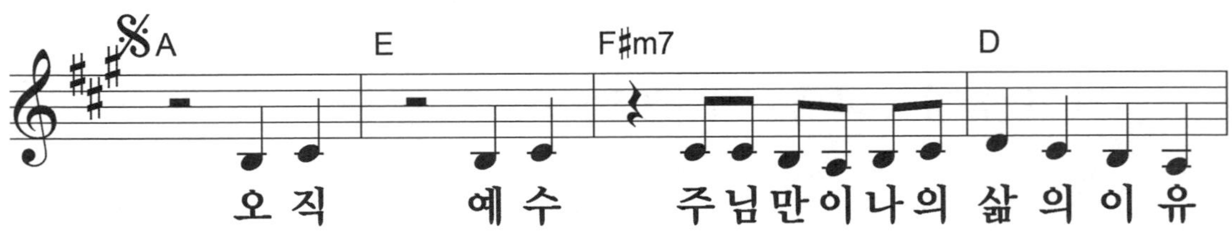

오 직    예 수    주님만이나의 삶 의이유

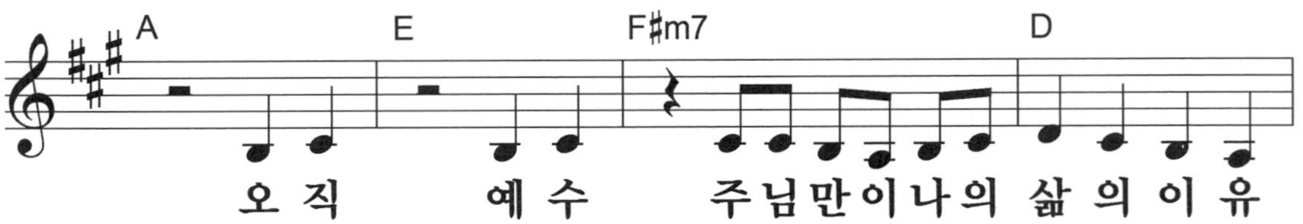

오 직    예 수    주님만이나의 삶 의이유

오 직 예 수 주님만이나의 삶 의 이 유
오 직 예 수 주님만이나의 삶 의 이 유
주 님 은길 과진 - 리 생명 나는 - 오직 - 믿음
- 으로 - 살리 - 주만 - 위해 - 살리 - -
- 주님만이나의 삶의 이유 -

미가엘
(구) 1708
(신) 1675

# 194 주 보좌로부터 물이 흘러

(주님의 강이 / The River Is Here)

Andy Park

주 보좌-로-부터 물이-흘러 닿 는곳-마-다새 로워지네-
주 님의-강-이충 만케-되네 닿 는자-마-다치 유케되네-
주님-의-산에 올라-가리   주계-신-보좌 찾-으러-

골짜-기-를지나 들판-으로   생수-의강물-흘러넘-치네
그 강가-에-있-는병든-자들   주갈-급하며-돌아오-리라
그 강변-에-우-리달려-가서   춤을-추-며주를찬양-하리

주 님의강이-우릴 즐겁-게-해 주 님의강이-춤 추게-해-

주 님의강이 우릴 새롭-게-해   기쁨-으로 충 만케하네-

미가엘
(신) 1624

# 주 사랑이 나를 숨쉬게 해

(Breathe)

195

정신호

주　사랑이 - 나를숨쉬 - 게해 -　세상 그어떤 - 어려 - 움속 - 에도
주　사랑이 - 나를이끄 - 시네 -　내가 갈수없 - 는그 - - 곳 - 으로
-　주 은혜로 - 나를돌보 - 시며 -　세상 끝날까 - 지 - 지켜 - 주시네
-　주 의사랑 - 나를붙드 - 시며 -　세상 끝날까 - 지 - 인도 - 하시네
-　주 - 주님 - 만 이 - - 내아픔아 - 시며 -　주님
만이내 - 맘어 - 루만 - 지네 -　어느 누구도 - 나를향 - 하신
-　주님 의사랑 - 을 끊을수 - 없네 -　주님 - 만이
- - 내능력이 - 시며 -　주님 만 이나 - 의구 - 원이 - 시네
-　어 느 누구도 - 나를향 - 하신 -　주님
의 사랑 - 을 끊 을수 - 없 네 -

# 196 주 신실하심 놀라워

(주님의 은혜 넘치네 / Your Grace is Enough)

Matt Maher

주 신-실하-심 놀-라-워 -
공 의-와 사-랑 놀-라-워 -
죄 인-의 마-음 흔-드 네 -
약 한-자 들-어 쓰-시 네 -
자 비-의 물-가 로-인 도-하 시-니
구 원-의 노-래 로-인 도-하 시-니
그 무-엇 도-끊 지-못 해 - 주 여
만 백-성 함-께 찬-양 해 -
기 억-하 소 서-주 백 성-자 녀 들-신
실 한-주 님 의-약-속 - 주
님 의 은혜 - 내 게 넘 치 네 - 나

# 주 신실하심 놀라워

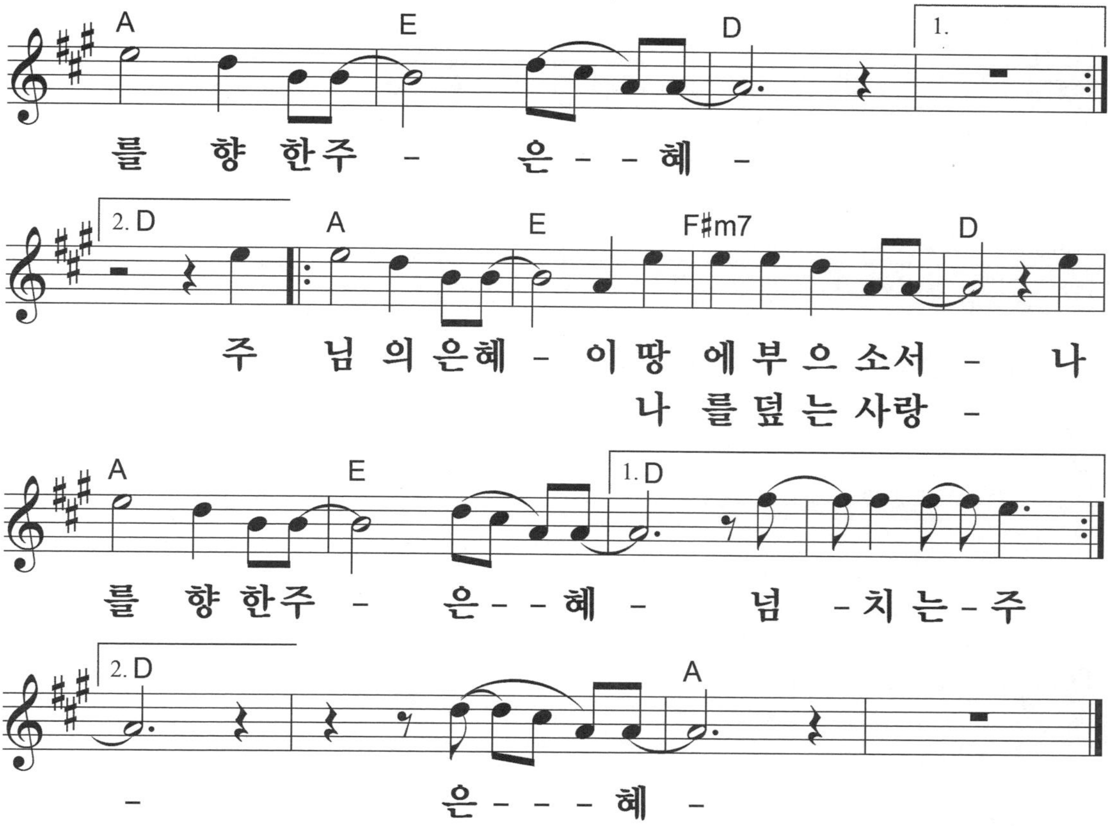

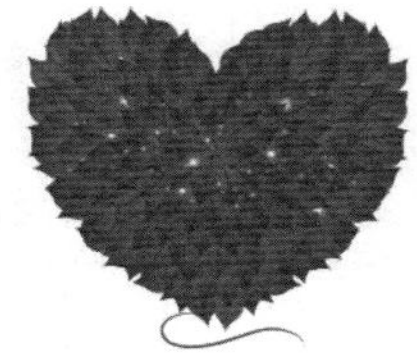

를 향한주 - 은 - - 혜 -
주 님의은혜 - 이땅에부으소서 - 나
나 를덮는사랑 -
를 향한주 - 은 - - 혜 - 님 -치는-주
은 - - - 혜 -

# 197 주 안에서 내 영혼
## (Born Again)

김준영 & 주민정
주안 에서 내 영혼 - 다시태- 어나 -
이 전것은 지 나 -고 새 롭게- 됐네 - 죄로
물 든 내 모습 - 예수 와 함께- 죽고 -
부 활생명 내 안 -에 새 로운삶이 열렸네 -
너희가나 -를- 택 한 것이 아니-요 -
내가너희 -를- 택하 여 세웠- 나 니 - 오 직내안에
- 오직내속에 - 그리 스 도가 사 --네 - 오직내삶에
1. - 오직내맘에 - - 그가 주 인되- 셨--네 -

Am7 Em/G F2
2. Dm7 F/G Csus4 C2 C/E F2
죄로 주 인되 - 셨 - - 네 - 내생명 - 그안에
C/E Dm7 F/G C C/E F2 G/F Em7 Am7
- 그의 생 명내 - 안 - - 에 - 나의삶 - 이 이 전 과 -
1. Dm7 Gsus4 G C/E
2. B♭2 F/A Gsus4
같 을수 - 없 - - 네 - 내생명 같 을수 - 없 - - 네 -
G2 F2 C/E Dm7 F/G
오 직내안에 - 오 직내속에 - 그리 스 도가 사 - - 네
C2 C/E F2 Em7 Am7 Dm7 F/G
- 오 직내삶에 - 오 직내맘에 - - 그가 주 인되 - 셨 - - 네
1. Csus4 C2 C/E
2. Am7 Em/G F2 Am7 Em/G F2
- 오 직내안에 -

# 198 주 안에 우린 하나

(기대)

미가엘
(구) 1684
(신) 1387

천강수

주 안 에 우 린 하 나  모 습 은 달 라 도  예 수 님 한
분 만 바 라 네  사 랑 과 선 행 으 로  서 로 격 려
해 따 스 함 으 로 보 듬 어 - 가 리 -  주 님 우 리 안 에
함 께 계 시 니 - 형 제 자 - 매 의 - 기 쁨 과 슬 - 픔 느 끼 네 -
네 안 에 있 는 주 님 모 습 보 네  그 분 기 뻐 하 시 네
주 님 우 릴 통 - 해  계 획 하 - 신 일 -
부 족 한 - 입 술 로 - 찬 양 하 게 하 - 신 일 -  주 님 우 릴 통 - 해
계 획 하 - 신 일 -  너 를 통 해 하 실 일 기 대 - 해 - -

주 앞에 엎드려
(I Will Bow To You)
Pete Episcopo
주 앞에엎 - 드려  경배합 - 니다 - 오직 - 주께
- 주 경배합 - 니다  다른신 - 아닌
- 오직 - 주께 -  나의모 - 든 - 우상 - 들 -
나 의 - 보좌 -  모 두 - 다 내 - 려 - 놓고 -
주 앞에엎 - 드려  경배합 - 니다 - 오직 - 주께 -

# 200 주여 우린 연약합니다

주여 우린 연약합니다
(주는 완전합니다)
함은진 & 소진영

주여 - 우린연약합 - 니 다    우린 오늘을 - 힘겨 - 워 - 합니
주여 - 우린넘어집 - 니 다    오늘 하루 - - 또실 - 수 - 합니

- 다 -    주뜻 이루며 - 살기 - 엔 -    부족합 - 니 다 우린
- 다 -    주의 긍휼을 - 구하 - 는 -    죄인입 - 니 다 우린

- 우린연약합 - 니 다    다    한 없 는주님의 - 은혜
- 주만바라봅 - 니

-    온세상 - 위에 - 넘칩 - 니다 -    가 릴 수없는주 - 영

- 광 -    온땅위에충 - 만합 - - - 니다 - 주

님 만이길이 - 오니 -    우린그 - 길따 - 라갑 - 니다 - 그

날 에우릴이 - 루 - 실 -    주는완 - 전 합니 - 다 -

# 주 여호와는 광대하시도다  201

(Great Is The Lord)

Steve McEwan

주 - 여호 와는광대하시도 다 그 거룩한하나님성 - 에 서
찬 양할 지 - 어 다 -
주 - 승리 우리에게주셨도 다 모 든원수물리치 - 셨 네
엎 드 려 절 - 하 세 -
다 주의크 - 신이 - 름높이 며 우 리에게 - 행하 - 신
위대 한일감 - 사하 - 세 오 주의신 - 실하 - 신그사 랑
온 땅과하 - 늘위에게 - 셔 홀로영원하신 이 름 - -

# 202 주 예수 기뻐 찬양해

(Celebrate Jesus)

Gary Oliver

주 예 수 기 - 뻐 찬 - 양 해
주 예 수 기 - 뻐 찬 - 양 해
부활하 - -신 - 우리 주 - - -님 - 영원 히
- 다스리네 - 부활 하 -신 - 우리 주 - - -님
- 다와서찬 - 양해- - 부활하신 -주찬-양-해 -

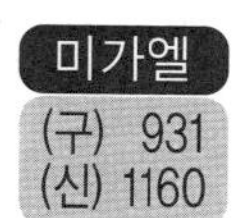

미가엘
(구) 931
(신) 1160

# 주 예수 사랑 기쁨

(주님이 주신 기쁨 / Joy Joy Down In My Heart)

David Clydesdale & PD. George W.Cooke

C G F G C G
주 예 수 사 랑 기 쁨 내 마음 속에 내 마음 속에
이제는 정 죄 없 네 예 수안 에서 예 수안 에서
이제는 해 방 됐 네 예 수안 에서 예 수안 에서

C G C G C G C
내 마음 속에 주 예 수 사 랑 기 쁨 내 마음 속에
예 수안 에서 이제는 정 죄 없 네 예 수안 에서
예 수안 에서 이제는 해 방 됐 네 예 수안 에서

G C C7 F C
내 마음 속에 있 네 나 는 기 뻐 요 정 말 기 뻐 요 주
예 수안 에서 없 네
예 수안 에서 해 방

1. G C C7 2. G C
예 수 사랑 기쁨 내 맘 에 나 는 기 예 수 사랑 기쁨 내 맘 에

# 204 주 예수의 이름 높이세

(We Want To See Jesus Lifted High)

Doug Horley

미가엘
(구) 1558
(신) 1565

주예수의이 - 름높 - 이 세 - 온 땅을덮는 - 깃발 - 처럼
- 모든사람진 - 리를보며 - 길되신주 - 를알 - 리
주예수여 주예수여 높임을받으 - 시옵 - 소 서
1. - 주예수여 주예수여 높임을받으 - 시옵 - 소 서
- 한걸 음 씩전 - 진 하 - 며 이땅을 정복 해 - 가 네
- 기 도 로 무기 - 삼으 - 면 원수 는 무너지리
2.
- 무너 - 지 리 - - 라 - - -
D.C.

미가엘
(구) 766
(신) 1578

# 주 우리 아버지

(God Is Our Father)

Alex Simon & Freda Kimmey

205
주 우 리 아 버 지 -    우 리 는 그 분 의 자 - 녀
예 수 우 리 형 제 - 손 에 손 잡 고 하 나 되 어 함 께 걸 - 어 가  리
주 께    찬 송 해    탬 버 린 으 로
주 께    찬 송 해    춤 을 추 면 서
주 께    찬 송 해    손 뼉 쳐
해    - 목 소 리 로 랄 랄 라 라 랄 라 라 - 랄 라
랄 랄 라 라 랄 라 라 - 라    랄 랄 라 라 랄 라 라 - 랄 라
랄 랄 랄 랄 랄 라 라 - 라 랄  라    -

# 206 주의 거룩하심 생각할 때
### (When I Look Into Your Holiness)

Wayne Perrin & Cathy Perrin

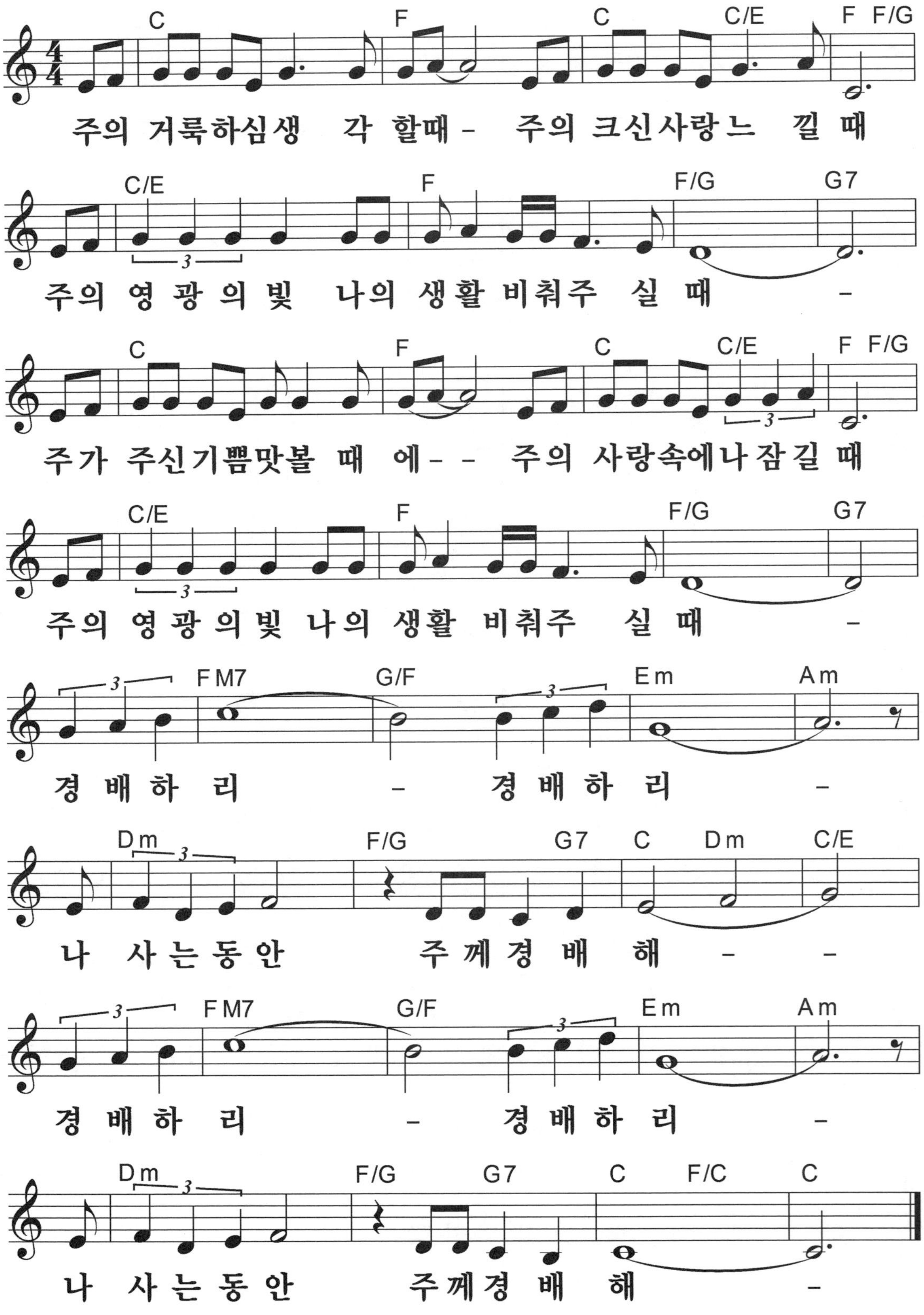

주의 거룩하심생 각 할때- 주의 크신사랑느 낄 때

주의 영광의 빛 나의 생활 비춰주 실 때 -

주가 주신기쁨맛볼 때 에-- 주의 사랑속에나 잠길 때

주의 영광의빛 나의 생활 비춰주 실 때 -

경 배 하 리 - 경 배 하 리 -

나 사 는 동 안 주 께 경 배 해 - -

경 배 하 리 - 경 배 하 리 -

나 사 는 동 안 주 께 경 배 해 -

# 주의 도를 버리고

미가엘
(구) 1982

Stephen Hah

주 의도를버리 고  헛된꿈 을좇던우리 들
심 한고난을받 아  살소 망 까지끊어지 고

거 짓과교만 한 마음을  용 서하여주소 서
죽 음과같은 고 통에서  주 를보게하셨 네

하 나님의긍휼 로  부끄 러 운 우리삶 - 을 덮어주소서 -
용 서받을수없 는  나를 위 해 십자가 - 에 달리셨으니 -

우리의 - 소망  우리의 - 구원  주 께간구합니 다
주사랑 - 에서 그 어느누 - 구도  끊 을수는없으 리

성 령의 - 불 로  나 의 맘을태워 주소서 -

성 령의 - 불 로  나의 영혼 새롭게하소 서

# 208 주의 보좌로 나아 갈때에

(예수 피를 힘입어)

양재훈

주 의 보 좌로 나아갈 때에 어 떻게 나아가야 할 까
주 의 보 좌로 나아갈 때에 나 여전 히 부족하 나
나 를 구 원한 주의 십자가 그 것을 믿으며 가네 -
나 를 품 으신 주의 그사랑 그 것을 믿으며 가네 -
자격 없는 내 힘이아 닌 오직예수 님의보혈 로
자격 없는 내 힘이아 닌 오직예수 님의보혈 로
- 십자가의 보혈 - 완전하신사 랑 힘입어
나 아 갑니 - 다 십자가의 보혈 - 완전하신사
랑 힘입어 예 배합 니 다

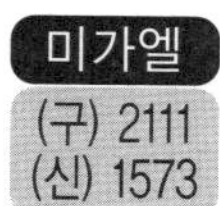

미가엘
(구) 2111
(신) 1573

# 주의 이름 높이며

(Lord I Lift Your Name On High)

Rick Founds

G   C2   D   C C/D G   C2   D   C
주의이름높-이 며   주를찬양하-나 이-다

G   C2   D   C C/D G   C2   Dsus4 D C/D D
나를구하러-오 신   주를기뻐하-나 이-다

G   C   D   C   G   C
하늘영광 버리고 -   이 땅 위에   십자가-를지시고

D   C   G   Am7   D   Em7 G/B
- 죄 사 -했 네 무덤에-서일어나 -   하늘로-올리셨네

Am7   D   C/D   G   C/G   G
- 주 의 이 름 높 - 이 - 리 -   -

# 주의 이름 안에서

미가엘
(구) 1662
(신) 1307

(찬양의 제사 드리며 / We Bring The Sacrifice Of Praise)

Kirk Carroll Dearman

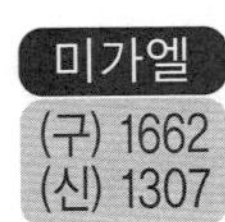

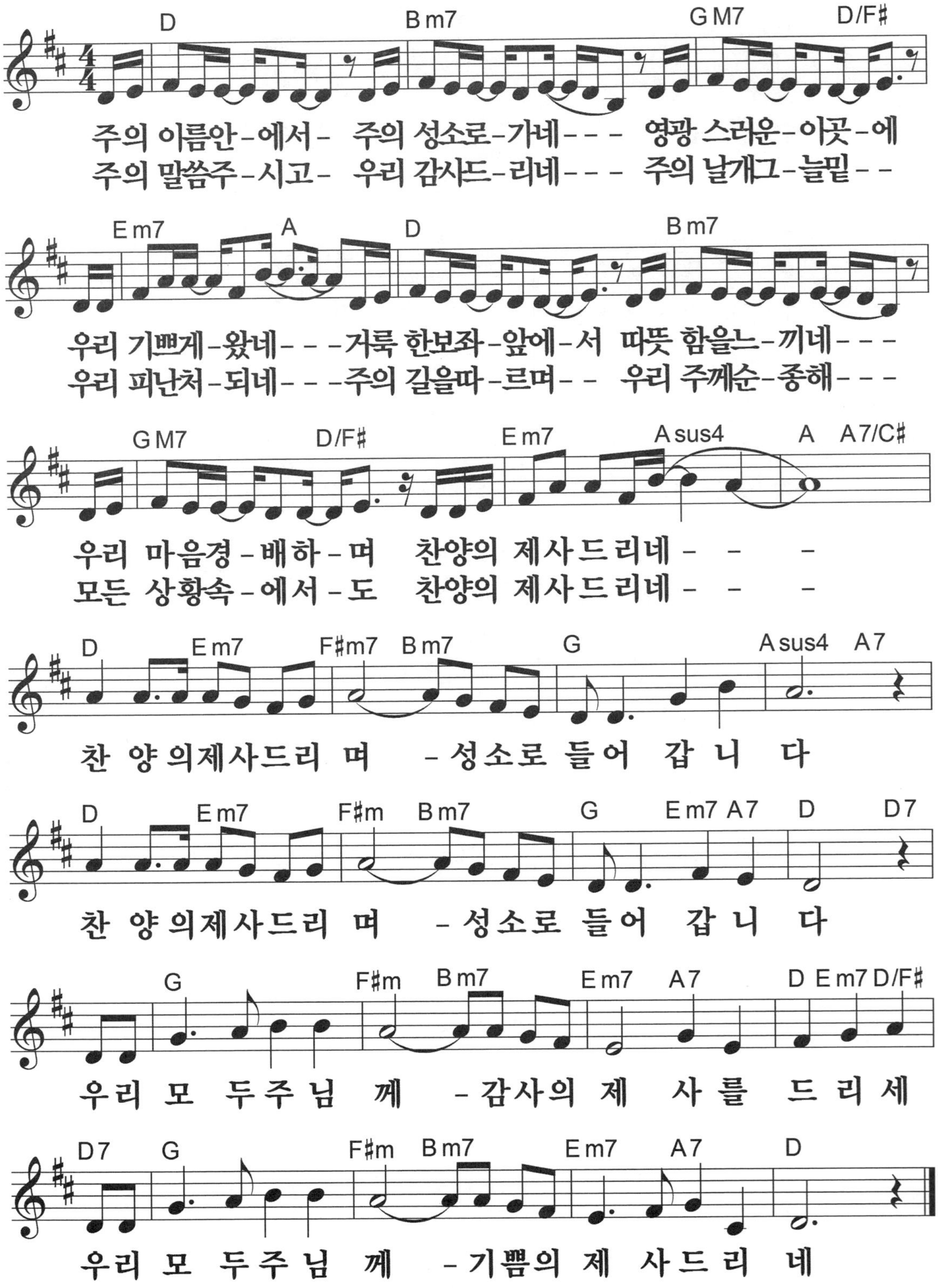

D B m7 G M7 D/F♯
주의 이름안-에서- 주의 성소로-가네--- 영광 스러운-이곳-에
주의 말씀주-시고- 우리 감사드-리네--- 주의 날개그-늘밑--
E m7 A D B m7
우리 기쁘게-왔네---거룩 한보좌-앞에-서 따뜻 함을느-끼네---
우리 피난처-되네---주의 길을따-르며-- 우리 주께순-종해---
G M7 D/F♯ E m7 A sus4 A A7/C♯
우리 마음경-배하-며 찬양의 제사드리네- - -
모든 상황속-에서-도 찬양의 제사드리네- - -
D E m7 F♯m7 B m7 G A sus4 A7
찬 양 의제사드리 며 -성소로 들어 갑 니 다
D E m7 F♯m B m7 G E m7 A7 D D7
찬 양 의제사드리 며 -성소로 들어 갑 니 다
G F♯m B m7 E m7 A7 D E m7 D/F♯
우리 모 두주님 께 -감사의 제 사 를 드 리 세
D7 G F♯m B m7 E m7 A7 D
우리 모 두 주 님 께 -기쁨의 제 사드리 네

미가엘
(구) 760
(신) 1605

# 주의 인자하심이 생명보다  211

정종원

G        Em7        Am7        D
주의인자-하심이 생명보다- 나으 므로내 -입술은 주를찬양

G        Em7        Am7        D7        1. G
주의인자-하심이 생명보다- 나으 므로내입술은주 찬양-

Bm7        Em        Am        D
이러므로        -내평생에        주 를        -송축하며        주의

Bm        Em        Am7        Dsus4        D7        2. G
이름으로-인 하여 내손을 들리-라-        -        찬양-
D.C.

# 212 주의 임재 앞에 잠잠해

(Be Still)

David J. Evans

미가엘
(구) 617

D          F#m        Bm        Em              Asus4    A7
주 의 임재 앞에잠잠해 주 여기계시 네
주 의 영광 앞에잠잠해 주 의빛비치 네
주 의 능력 앞에잠잠해 주 역사하시 네

D          F#m        Bm        Em              Asus4    A7
와 서 모두 굽혀경배해 신 령과진리 로
거 룩 한 - 불태우시며 영 광의관쓰 네
죄 사 하고 치유하시는 놀 라운주은 혜

G          D/F#        G          D/F#
순 결 하 신 주 님      거 룩 한 존 전 에
그 영 광 찬 란 해      빛 되 신 우 리 왕
주 믿 는 자 에 게      능 치 못 함 없 네

G    A7      F#m        Bm        Em    A7      D
주 의 임재 앞에잠잠해 주 여기계시 네
주 의 영광 앞에잠잠해 주 의빛비치 네
주 의 능력 앞에잠잠해 주 역사하시 네

# 주 이름 찬양
(Blessed Be Your Name)

Matt Redman

1. 주 – 이름 – 찬양 – 풍요의 강 – 물흐 –르는–
주 – 이름 – 찬양 – 거치른 광 – 야와 –같은–
2. 주 – 이름 – 찬양 – 햇살이 나 – 를비 –추고–
주 – 이름 – 찬양 – 가는길 험 – 할지 –라도–
부요한 땅 –에살 –때에– 주님 –찬양해–
인생길 걸 –어갈 –때도– 주님 –찬양해–
만물이 새 –롭게 –될때 주님 –찬양해–
고통이 따 –를지 –라도– 주님 –찬양해–
모든축복 주신주님 찬양하 리 리 주의이름
어둔날이 다가와도 난외치
을 찬 –양 –해 – 주의이름 을 주의이름을 찬 –양 –해
영화로운 주 이름 –찬 양 –
last time to Coda
주
님은주 시 며 주님은찾으 –시 네 내 맘에하 는
말 주 찬양합 니 다– 주 다 – 주의이름

# 214 주 자비 춤추게 하네

(춤추는 세대 / Dancing Generation)

Matt Redman

주 자 비 춤 추 게 하 네 - 모 든 것 다 해
찬 양 해 - 춤 - 을 추 - 며 자 - 비 감 사 - 해
주 영 광 외 치 게 하 네 - 온 땅 에 서 주
높 이 며 - 주 - 의 영 - 광 소 리 - 쳐 찬 양 - 해
넘 - 쳐 흐 르 는 용 서 받 은 영 혼
이 제 주 를 보 네 우 린 - 멈 출 - 수 없
- 어 우 리 는 춤 추 는 세 대 되 - 리 주 크 신 자 비 로
- 춤 추 - 리 라 - - 주 - 의 자 - 비 로 -

주영광 외치는 세대되-리 놀라운주영광
-외 치-리 라- -주 -의 영-광 을-

미가엘
(구) 1672
(신) 1581

# 주의 자비가 내려와

(Mercy Is Falling)

David Ruis

주의자비 - 가내려 -와내려 - 와 주의자비 - 가봄 비 같이
주의자비 - 가내려 -와나 를덮 네 -
헤이 호 주의 자비하심과 헤이 호 주의 은혜로
헤이 호 나는 영원히 춤 추 리 -

# 216 주 찬양합니다

(Ich Lobe Meninen Gott)

Cl. Fraysse Bergese

미가엘
(구) 1246
(신) 1161

주  찬양합니 다    내 마 음을 다 해
주 가 하신놀 라운 일 들을세 상에 모 두 전 하 리 라
내 가 주 를 기뻐 하며찬양해 할 렐 - 루 - 야
지 극 히 높 으신 이름찬양해 할 렐 - 루 - 야

International Copyright Secured.

미가엘
(구) 1874
(신) 1629

# 주 품에 품으소서
## (Still)

Reuben Morgan

C　G/B　Am7　F　D/F#　Gsus4　G
주 품 에 품 으 소 서
주 님 안 에 나 거 하 리

C　Am　F　D7　Gsus4
능 력 의 팔 로 덮 으 – 소 – 서 –
주 능 력 나 잠 잠 히 – 믿 – 네 –

C7　F　G　Csus4　C7　F　G　Am
거친파도 날 향해 – 와도 – 주와함께 날 아 오 – 르리 –

F　G　Csus4　G/B　F/A　G　C
폭풍가운 데 나의 – 영혼 – 잠잠하게 – 주를보 – 리라 –

# 218 주 하나님 독생자 예수

(Because He lives)

미가엘
(구) 780
(신) 1525

Gloria Gaither/Bill Gaither & William Gaither

주 하 나 님  독 생 자 예 수  날 위 하 여
주 안 에 서  거 듭 난 생 명  도 우 시 는
그 언 젠 가  주 뵐 때 까 지  주 를 위 해

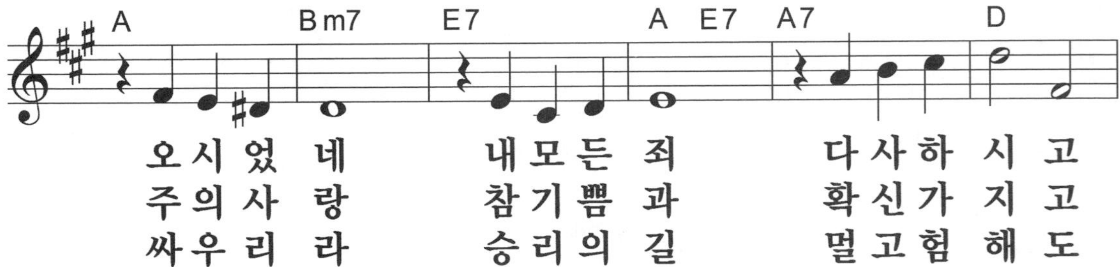
오 시 었 네  내 모 든 죄  다 사 하 시 고
주 의 사 랑  참 기 쁨 과  확 신 가 지 고
싸 우 리 라  승 리 의 길  멀 고 힘 해 도

죽 음 에 서 부  활 하 신 나 의 구 세 주
예 수 님 의 도  우 심 을 믿 으 며 살 리
주 님 께 서 나  의 앞 길 지 켜 주 시 리

살 아 계 신 주  나 의 참 된 소 망  걱 정 근 심

전 혀 없 네  사 랑 의 주 내  갈 길 인 도 하 니

내 모 든 삶 의 기 쁨 늘 충 만 하 네

미가엘
(구) 1706
(신) 1293

# 지금은 엘리야 때처럼
### (Day Of Elijah)

Robin Mark

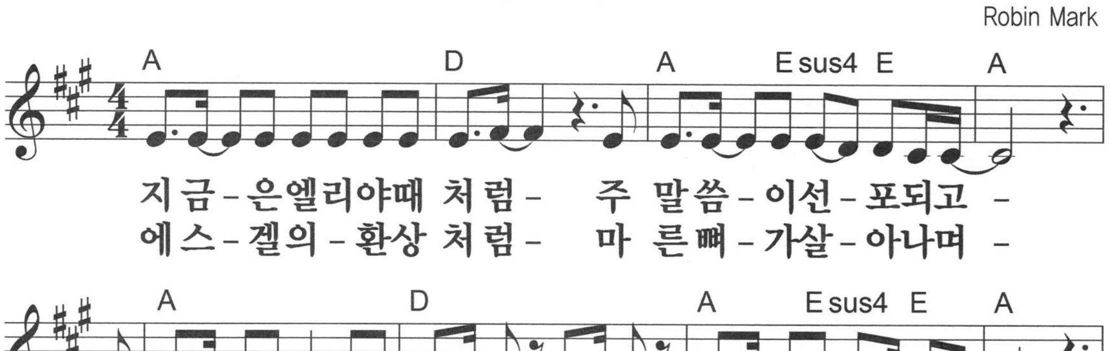

A
D
A
E sus4 E
A
지금-은엘리야때 처럼-   주 말씀-이선-포되고 -
에스-겔의-환상 처럼-   마 른뼈-가살-아나며 -
A
D
A
E sus4 E
A
또 주의-종모세의 때와- 같이-  언약-이성취-되 네
또 주의-종다윗의 때와- 같이-  예배-가회복-되 네

C#m
F#m
F#m7/E
D
E sus4 E
비록 전쟁-과기근-과 핍박-  환 난날-이다가-와 -도 -
추수-할때가-이 르러-  들 판 - -은희어-졌 -네 -

A
D
A
E sus4 E
A
우 리는-광야 의외 치는-  소리-주 의길을예- -비하라 -
우리-는추 수할 일꾼-  되어-주 말씀을선- -포하리 -

A/E
B m/E
A
D
A
보 라 주 - 님   구 름 타 시 고 -   나 팔 불 때 에 -

E
A/E B m/E
A
D
다 시 오 - 시 네   모 두 외 치 - 세   이 는 은 혜 의 해 니 -

A
E
1. A
A sus4/D
2. A
시 온 에 서 구 원 이 임 하 네        또 네

# 220 지금 서 있는 이 곳에서

(나를 통하여)

이권희

지금 서있는 - 이곳에서 - 높임 을받으 - 소서 - 내가
밟는땅 - 주님의땅 - 이니 - 하늘 이 주의이름 - 높이
올리 - 며 - 넓은 바다 - 가 - 주를 노래 - 해 -
모든만물주를경배 해 모든입술주를찬양 해
천 지를만드신 - 만 물의통 - 치자 - 높임 을 받으소서
- 내평생에 주의이 름높이며 - 어느
곳에서 - 든지 - 주님을 예배하 - 리라 - 내 가 밟는모든땅 - 아
버지 - 의 - 영광이 - 선포되야 - 하리 - 찬양하

G   /B        C          G/B   Am7            D
며       주 님 을 예 배 할 때 -     하늘 가득한-주의 -영광보
G        /B         C/E    D/F#      B7/D#     Em7
리라 - 나를통하  여 -나의입술을    인 하 여 - - - 주의
Am7           C/D        1. G      /B      2. G
이 름 높 - 임 을 - 받 으 - 소 서 -      나 를 통 하    서

# 221 지존하신 주님 이름 앞에

(Jesus At Your Name)

미가엘
(구) 1341
(신) 1908

Chris Bowater

지존하신주님이 름앞에 모두무릎꿇고다 경배해 -
거룩하신주님보 좌앞에 엎 드려 절 - 하 세
예 수 는 그리스도 예 수 는 주
하 나 님 의 영으로 - 경배드 - 리리 -

미가엘
(구) 678
(신) 1839

# 찬송하라 여호와의 종들아 222
## (Come Bless The Lord)

E                                              B7
*찬 송 하 라 –        – 여 호 와 의 종 들 아

B7            F#m        B7                E
주 님 집 에 –        – 서 있 는 자 들 아

E                      E7                A
성 소 향 해        – 손 을 들 고 서 –

Am6/C            E/B        B7            E
*찬 송 하 라 –        –*찬 송 하 라 –

*│기 뻐
│감 사
│기 도

미가엘
(구) 914
(신) 1961

# 찬양하라 내 영혼아 223
## (Bless The Lord, Oh My Soul)

Margaret Evans

G                C        A            D
*찬 양 하 라 내 영 혼 아 *찬 양 하 라 내 영 혼 아

G                C            G    D7        G
내 속 에 있 는 것 들 아 다*찬  양  하  라

*│감사하라
│기뻐하라

# 224 찬양의 열기 모두 끝나면

(마음의 예배 / The Heart Of Worship)

Matt Redman

미가엘
(구) 2198

D          A 9          E m7          A sus4   A
찬양의열 기  -    모두끝나면 -   주앞에나 와  -
영원하신 왕  -    표현치못할 -   주님의존 귀  -

D          A 9          E m7          A sus4   A
더욱진실 한  -    예배드리네 -   주님을향 한  -
가난할때 도  -    연약할때도 -   주내모든 것  -

E m7      D/F#      A      D2/F#      E m7      D/F#      A sus4   A
노래이상의노래 -   내맘깊은곳에   주께서원하신것  -

E m7      D/F#      A      D2/F#      E m7      D/F#      A sus4   A
화려한음악보다 -   뜻없는열정보다   중심을원하시죠 - -

D          A/C#          E m7
주님께드릴맘 -의 예 -배 주 님을위한 -

G M7      A      D          A/C#
주 님을향한 노 래   중심잃은예배내 -려놓 -고

E m7      D/F#      G M7      A          D
이제 나돌아와 -  주 님만예배 해 요  -

미가엘
(구) 802
(신) 1136

# 찬양이 언제나 넘치면

225

김석균

A                    D              A                E
찬 양이 언제나 넘 치면 -     은 혜로 얼굴이 환해요 -
감 사가 언제나 넘 치면 -     은 혜로 얼굴이 환해요 -
사 랑이 언제나 넘 치면 -     은 혜로 얼굴이 환해요 -
기 도가 언제나 넘 치면 -     은 혜로 얼굴이 환해요 -

A                    D              A        E7        A
성 령의 충만한 모 - 습을 -     서 로 가 느 - 껴   요

A                    D              A                E
할 렐루 할렐루 손뼉 치 - 면서 할 렐루 할렐루 소리외 - 치며

A                    D              A        E7        A
할 렐루 할렐루 두손 을 - 들고    주 님을찬양해   요

# 226 찬양 중에 눈을 들어

(호산나 / Hosanna)

Paul Baloche & Brenton Brown

찬 - 양 중 - 에 눈 을 들 - 어 - 주 를
주 - 께 드 - 린 마 음 다 - 한 - 기 도
주 를 보 네 -
들 으 소 서 -
소 - 망 중 - 에 마 - 음 다 - 해 - 주 만
주 - 의 나 - 라 상 - 한 영 - 혼 - 들 을
나 바 라 네 - 주 님 을 볼
새 롭 게 해 -
- 때 나 에 게 - 힘 주 시 네 주 님 안
- 에 모 든 두 - 렴 - 사 라 져 사 라 져
- 호 산 - - 나 호 산 - - - - - 나

# 찬양 중에 눈을 들어

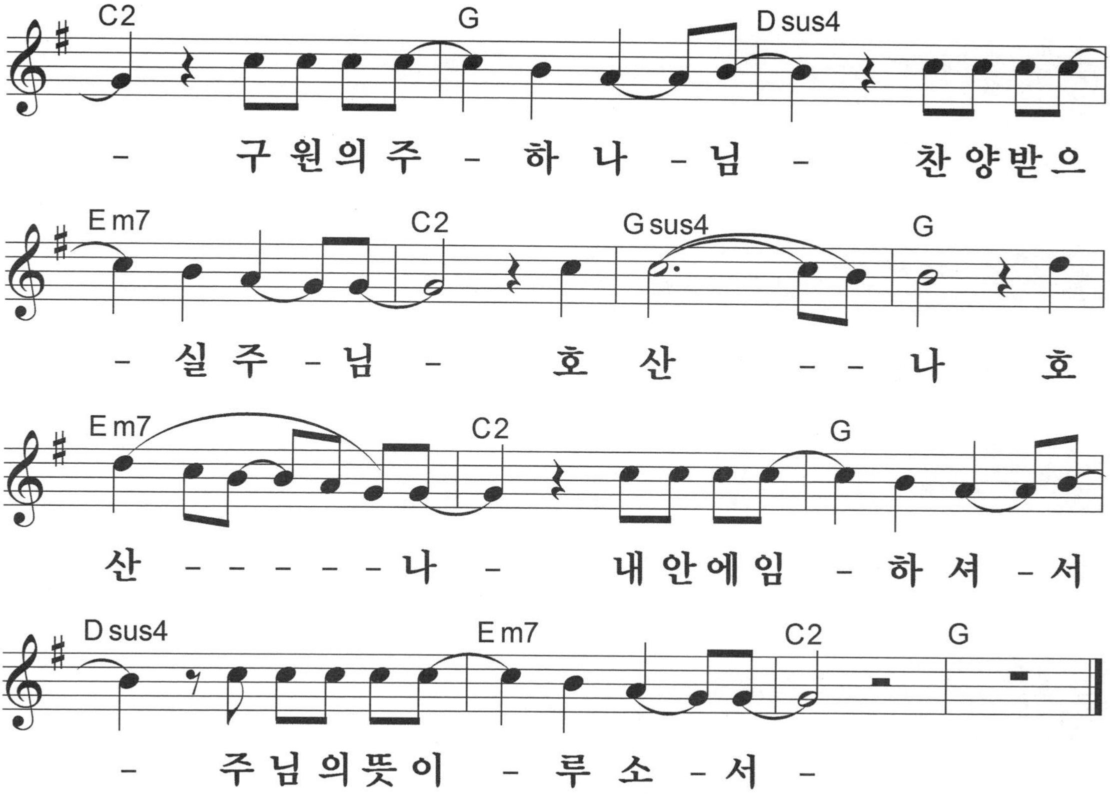

구 원의주 - 하 나 -님 - 찬 양받으
- 실주 -님 - 호 산 - -나 호
산 - - - - -나 - 내안에임 -하 셔 -서
- 주님의뜻이 -루 소 -서 -

# 227

## 찬양하세
### (Come Let Us Sing)

Danny Reed

찬 양 하 세 - 찬 양 하 세 - 왕 께
소 리높 - 여 찬 양드 리세 - 찬 양드 - 리 세
찬 양 받 기에 합 당 하 신주 님 -
언 제 나 동 일하 신 주 -
무 릎 꿇 고 서 주 이 름 외 치 세
예 수 나 의 왕 예 수 나 의 왕
예 수 나 의 왕 아 멘 -

# 크신 주께 영광돌리세

(Great Is The Lord)

Robert Ewing

미가엘
(구) 668
(신) 1406

228

크 신 주 께 영 광 돌 리 세
하 나 님 의 성 에 서 그 의 거 룩 한 산 에 서
터 가 높 고 아 름 다 워 온 세 상 의 기 쁨
저 북 방 에 있 는 시 온 산 큰 왕 의 성 일 세
Sing 할 렐 루 야 Sing 할 렐 루 야
Sing 할 렐 루 야 큰 왕 의 성 일 세

# 229 캄캄한 인생길

(달리다굼)

현윤식

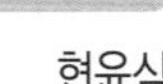

미가엘
(구) 963
(신) 1430

1. 캄캄 한 인-생길 홀로 걸어가 다
운 죄-악의 길을 걸어가 다
2. 주님 을 떠-나서 세상 을 향-해
의 어-려움 절망 가운-데

지치 고 곤하--여 내영혼 깊 은잠이 들었었 네 어두
상하 고 찢기--어 내영혼 깊 은잠이 들었었
맘대 로 고집-하 며 내영혼 먼 곳으로 나갔었 네 인생
눈물 과 한숨--과 내영혼 슬 픔속에 잠이드

네 내 -영혼 어둠속에 방 황할 때
네 주 -님을 떠나-서 방 황할 때

어 디선가 들려오는 주 님음 성

깨어 라 일어나 라 달 리 다굼 일어나 라

일 어나라 죄악에 잠 자 던영혼-- 아

# 캄캄한 인생길

G    Em    D7    G    C
달 리다굼 깨어라 일어 나걸-어라
G    D7    G    C
어둠 은 물러가 고 새날이 다가오 네
G    D    G    C    G
주님 오 실날멀잖았 네 어둠속 에 잠자 던 영혼일어나 라
C    G/D    D7    G
일어 나걸-어라 달 리 다굼 일어나 라

# 230 평강의 왕이요
(I Extol You)

Jennifer Randolph

미가엘
(구) 793
(신) 1841

평강의 - 왕이요 - 자비의 - 하나님 -
만군의 - 주시요 - 다시오 - 실 영원하신왕 -
주를 찬 - 양 주님을 찬 - 양 온땅 위에높 - 으신 -
주를 모 든만 - 물 찬양 주를 찬 - 양 주님을
찬 - 양 나의 여 호 와 께찬 - 양

미가엘
(구) 1191
(신) 1618

# 평안을 너에게 주노라
## (My Peace I Give Unto You)

Keith Routlege

D    F#m    Em7    A7
*평 안 을   너 에 게   주 노 라    -

D    F#m    Em7    A7
세 상 이   줄 - 수   없 - 는    -

G    A/G    F#m    Bm    /A
세 상 이   알 수 도   없 는 *평  -  안

G    A    F#m    Bm
*평  -  -  안   *평  -  -  안

Em7    A7    Dsus4    D
*평 안 을   네 게   주 노 라    -

*|사랑

# 232 풀은 마르고

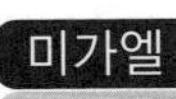

미가엘
(구) 1943
김영진

A2        F#m        E sus4/D
풀은    마르고  꽃은    시드나    주의

1. E sus4/D        A2        2. E sus4/D        A2
말씀-은영 원해 -        말씀-은영 원해 -

D        E7        F#m        E7        B m7
주 의말-씀-을 -        믿 는 -자 -
주 의말-씀-을 -        행 하 는자 -

1. D        E7        F#m        D        A/C#        B m7
주 의구-원-을 -        얻 으 리 - - - -

2. D        E7        F#m        G        E sus4        E7
그 의능-력 을 -        보게 되 리 라 - -

A        A sus4        A        F#m7        D/E        E7
주 의    말씀-은영 원해 -

A        A sus4        A        F#m7        E 7sus4
주 의    말씀-은영 원해 - - - - - -        영 원해

F#m7        E 7sus4        A sus4        A
- - - - - - -        영 원해 -

미가엘
(구) 1674
(신) 1507

# 하나님께로 더 가까이
## (Nearer To God)

Stephen Hah

G      Am      G/B      C      G/B
하 나님께로 더가까이 갑니다
Am      A/C#      Dsus4      D7
고 통가운데 계신주님 -
G      F#m      B7(♭9)      Em      G7/D
변함없 는주님의 크신사랑 -
C      C/D      D7      C/G      G
영원히 주님만을 섬기리 -

미가엘
(구) 1737

# 하나님께서 당신을 통해
234

김영범

G      Em      C      G/B      Am      Dsus4      D
하나님께서 당신을통해 메마른땅에 샘물 나게하시 기를
G      Em      C      G/B      Am      D      G
가난한영혼 목마른영혼 당신을통해 주사 랑알기 원 하네 -

235 하나님은 너를 만드신 분
(그의 생각 *요엘에게)
조준모
미가엘
(구) 1936

하나- 님은- 너를 만드신--분- 너를 가장많--이-
하나- 님은- 너를 원하시-는분- 이- 세상그-무엇-

알고 계시며- 하나- 님은- 너를 만드신--분-
그누 구보다- 하나- 님은- 너를 원하시-는분-

너를 가장깊--이- 이해하 신단다- 하나- 님은-
너와 같이있--고- 싶어하 신단다- 하나- 님은-

너를 지키시-는분- 너를 절대포--기- 하지 않으며-
너를 인도하-는분- 광- 야-에-서도- 폭풍 중에도-

하나- 님은-너를 지키시-는분- 너를 쉬-지-않고- 지켜보 신단다-
하나- 님은-너를 인도하-는분- 푸른 초-장-으로- 인도하 신단다-

그의 생각 - 셀수 없고- 그의 자비- 무궁하 며

그의 성실- 날마다 새 롭고- 그의 사랑 끝이 없단 다

미가엘
(구) 1658
(신) 1217

# 하나님은 너를 지키시는 자 236

정성실

E    E/D#    C#m    E/B    A    E/G#    F#m    B7
하나 님은너를지키 시 는자너의 우 편에 그늘 되 - 시니 -

E    E/D#    C#m    E/B    A    B 7sus4 B7    E
낮의 해 와 밤의달 - 도    너를 해 치 못 하리 -

E    E/D#    C#m    E/B    A    E/G#    F#m    B7
하나 님은 너를지키 시 는자 너의 환난을면케 하 - 시니 -

E    E/D#    C#m    E/B    A    B7    E
그가 너 를 지 키시리 라    너의출 입을지키시리 라

B7    E 7sus4 E    B7    B7/A    E
눈을 들 어 산을보 아라 너의 도움    어디서오나

G#/D#    C#m    A    F#m    B7    E
천지 지으신 너를만드신    여 호와께 로 - 다

# 237 하나님은 우리의 피난처가 되시며

(Psalm 46)

Stephen Hah

A    Bm    E7    A
하 -나님은우리의- 피 -난처가되시며-

C#m  F#m  D    Bm  E  A
환 -난중에우리의- 힘 -과도움이시라-

A    Bm7  E7    A
너 희는가만히있-어- 주가하나님-됨알찌-어다

A    Bm7  E7    A
열 방과세계가운-데- 주가높임을--받으리라

A    Bm7  E7    A
사 랑합니다내아버지- 찬양합니다- 내온맘다하여

A    Bm7  E7    A
선 포합니다예수그리스도 주님오심을--기다리며

# 하나님의 사랑을 사모하는 자 238

(주만 바라 볼지라)

박성호

미가엘
(구) 1285
(신) 1683

하나 님 의 사 - 랑을 사모하는자 하나 님 의 평 - 안을
님 께 찬 - 양과 경배하는자 하나 님 의 선하심을

바라보는자 너의 모 든것창조하신 우리주님이
닮아가는자 너의 모 든것창조하신 우리주님이

너를 얼마나사랑하시는 지 하나 자 녀삼으셨 네

하나 님 사랑 의 눈으로 - 너를 어느때나바라보시 고

하나 님 인자 한 귀로써 - 언제 나너에게기울이시 니

어두 움 에 밝은빛을 비춰주시고 너의 작 은신음에도 응답하시니

너는 어느곳에있 - 든지 주를향하고 주만 바라 볼 찌

라 하나 라 주만 바 라 볼 찌라 -

# 239 하나님의 음성을 듣고자

(시편 40편)

김지면

하 나님의음성을 듣고자 -기-도하면
주 를의지하-고 교만하 지않-으-면

귀-를 기울이고나 의 기도를 들어주신다- 네
거짓 에 치우치지아 니 하-면 복이있으리-라

깊 은웅덩이-와 수렁에 서끌어주시 고
여 호와나의주 는 크신권 능의-주-라

나의발 을반석위-에세 우시사 나를 튼튼히하셨 네
그의크 신권능으-로우 리들을 사랑 하여-주시 네

새 노 래로-부르 자 라라라 하나 님 께올릴찬송 을

새 노 래로--부르-자 하나 -님-사랑을

미가엘
(구) 1911
(신) 1592

# 하나님이시여
(주는 나의)

유상렬

하나님이시-여 하나님이시-여 주는 나의 하나님이 시 로다
나의몸과마-음 주를갈망하-며 이제 내가 주께고백 하 는말
여호 와는- 나의 빛이요- 여호 와는- 나의 구원이시니-
내가 누구를- 두려워 하리요- 여호와는 생명의 피난처시니-
주의 인자가- 생명보다 나으므로 내 입술이-여호와를찬 양하리-
내 평생에- 주를찬양 하며- 주의 이름으-로내손들리라 -

# 241 하나님 한번도 나를

(오 신실하신 주)

최용덕

하나님한 번도 나를 - 실망시킨적없으 시고 -
지나온모 든세 월들 - 돌 - 아보 - 아 - 도 - -
언제나공 평과 은혜 - 로 나를 - - 지키셨 네
그어느것 하나 주의손길 안미친것 전혀없 네
오신실 하신주 오신실 하신주
내 너를떠나지도 않으리라 내 너를버리지도 않으리라
약 속하셨던주님 - 그 약속을지키 사
이 후 로도 영원 토록 - 나를지키시리라 확신하 네

# 하늘 위에 주님 밖에

(God Is The Strength Of My Heart)

Eugene Greco

242

미가엘
(구) 1603
(신) 1632

하늘위 에주 -님- 밖에 -

내가 사모할자 -이세상 -에 - 없 - 네 -

내 맘과힘 은 믿 을수 -없 네 -

오 직한 가지 그 진 리를 -믿네 주는나의

- 힘 이요 - 주는나의 - 힘 이요 - 주는나의

- 힘 이요 -영원히 -주를 의 지 -하리

주는나의 영원 - -히 -

# 243 하늘보다 높으신 주 사랑

(하나님께서 세상을 사랑하사)
Scott Brenner

C    G/B    Am    C/G
하늘보다 - 높으신주사랑 -    바다보다 - 넓으신주사랑

F    C/E    Dm7    Gsus4    G
- 나를 -    향한 -    크고높 - 으신 - 사 - 랑

C    G/B    Am    C/G
- 헛되고헛된 - 그모 - 든것 -    내게서멀리 - 거두 - 셨 - 네

F    C/E    1. Dm    Gsus4    G
- 나의 - 수치 -    찬양되 - 었네 -

2. Dm    Gsus4    G    C    G/B
- 찬양되 - 었네 - 영원 - 히감 - 사드 - 리리 - 주님

F/A    C/G    G    C    G/B
- 의그 - 은 - 혜 -    날찾 - 아주 - 신그 - 사랑 - 오주

F/A    Gsus4 G    C    G/B
- 님내 - 전 - 부 -    사랑 - 해요 - 경배 - 해요 - 나주

위해 살 리 영원토 록신 실하 신주 사랑
을전 하 리
하 나님 께서 세 상을 사랑 하 사 독생자를주셨
으니 믿는 자는 영생 을얻 으 리 을얻 으 리 난믿네
난 믿네 난 믿네 다시사
신독 생 자 난믿네 난 믿네 난 믿네
난 믿네 난 믿네

# 244

## 하늘의 나는 새도

(주 말씀 향하여 / I Will Run To You)

Dalene Zschech

미가엘
(구) 1849
(신) 1680

하늘 - 의나 - 는새 도  주손길 - 돌보 - 시 네 -
온땅에 - 충만한 - 주사랑 - 으로 - 내마 음을덮으 - 소서 -
주나 - 를부 - 르셨 네  주의 - 영광 - 위 해 -
모든사 - 람 - 이끄소 - - 서 - 주의영 - 광 - - 으로 -
주말씀향 - 하 - 여 - - 달려가 - 리 - 라 -
힘도아닌 - 능 - 도아 - 닌 - 오 - 직성 - 령 - 으로 -
주얼굴향 - 하 - 여 - - 달려가 - 리 - 라 -
오주의영 - 광 - 안에 - 살게하 - 소서 - - -

# 하늘의 문을 여소서

(임재)

조영준

하늘의문을여 소서 - 이곳을 주목하소서 - 주를

향한노래가 - 꺼지 지않으니 - 하늘을열고보 소서 -

이곳에 임재하 소서 - 주님을 기다립니다 - 기도

의 향기가 - 하늘 에닿으니 - 주여임재하여 주 소서

- 이곳에오셔 서 - 이곳에앉으 소서 - 이곳에서드

리는 - 예배를받으소 서 주님의이름 이 - 주님의이름

만이 - 오직주의이 름만 - 이곳에있습니 다 이곳에오셔 다

246 할 수 있다 하신 이는

미가엘
(구) 1094
(신) 1384



이영후 & 장욱조

C                    F            3    C
할 수 있 다  하신 이 는  나의 능 력 주하나 님

Am        3    E   Am    C    G7        C
의 심 말 라  하 - 시 고  물 결 위 로오라하시 네
나 를 바 라  보 - 시 고  능 력 준 다하 - 시 - 네
주 저 말 라  하 - 시 고  십 자 가 를지라하시 네
변 치 말 라  하 - 시 고  성 령 충 만하게하시 네

C           Dm      F        G7
할 수 있 - 다하신 주  할 수 있 다 하 신 주

C   3      Am  3       Dm      D7      G7
믿 음 만 이  믿 음 만 이  능 력 이 라 하 시  네
사 랑 만 이  사 랑 만 이  능 력 이 라 하 시 네
희 생 만 이  희 생 만 이  능 력 이 라 하 시 네
성 령 만 이  성 령 만 이  능 력 이 라 하 시 네

C   3      Am  3       Dm7     G7      C
믿 음 만 이  믿 음 만 이  능 력 이 라 하 시  네
사 랑 만 이  사 랑 만 이  능 력 이 라 하 시  네
희 생 만 이  희 생 만 이  능 력 이 라 하 시  네
성 령 만 이  성 령 만 이  능 력 이 라 하 시  네

# 할렐루야 할렐루야
## (Hallelujah(Your Love Is Amazing))

Brian Doerksen & Brenton Brown

할 렐 루 -야- 할 렐 루 -야- 할 렐 루 -야-
주 의 사 -랑 날 할 렐 루 -야- 할 렐 루
-야- 할 렐 루 -야- 노 래 하 -게 해
주사랑 -놀라 -와 항상변 -함없 -네 견고한 -나
주사랑 -놀라 -와 더욱커 -져가 -네 나의깊 -은
의 산 반 석되 -시네 주사랑 -신비 -해 나를받 -으시
곳 에 기쁨넘 -치네 나주를뵐 -때마 -다 선하신 -빛비치
- 네 적이에 -워 싸 도 보 호하 -시네
- 니 내안에주 -의 노 래 커 져만 -가네

# 248

## 해 뜨는 데부터
### (From The Rising Of The Sun)

Paul S. Deming

미가엘
(구) 666
(신) 1556

해 뜨는 데 부 터 - 해 지 는 데 까 지 - -
주 이 름 찬 양 받 으 리 해 뜨 는 데
할 렐 - 루 야 여 호 와 의 모 든 종 들 아
주 이 름 찬 양 해 이 제 부 터 영 원 - 까 지
주 이 름 찬 송 할 지 로 다

미가엘
(구) 2216
(신) 1607

# 허무한 시절 지날 때
## (성령이 오셨네)

249

김도현

C    E7(b13)(#9)   Am7   Gm7 F#7(b5) FM7   Em7 Am7
허무한시절지날때 -   깊은한숨내쉴때 -   그런풍경보 -시며 -탄식
억눌린자갇힌자 -   자유함이없는자 -   피난처가되 -시는 - -성
Dsus4  D7  G7  C   E7(b13)(#9)   Am7   Gm7  F#7(b5)
하는분 -있네 -   고아같이너희를 - -   버려두지않으리 -
령님계 -시네 -   주의영이계신곳에 -   참자유가있다네 -
FM7   Em7 Am7   Dm7  G7  C G7 C   Dm7
내가너희와영원히 -   함께하 -리라 -   성령이오 -셨네 -
진 - 리 - 의영이신 -   성 령이오 -셨네 -
Esus4 E7/G#  Am7  Gm7 FM7   Em7 Am7  C2/D  D7  G7 /F
성 - 령이오셨 네 -   내주의보내신 -   성 령이오 -셨 네 -
C/E   Dm7   Esus4/B E/G#  Am7  Gm7 FM7 C/E Dm7 G7(b9) C
우리인생가운데 -   친히찾아 -오셔서 -   그나라꿈꾸게하시 네

# 250 햇살보다 밝게 빛나는

(왕 되신 주 앞에 / Offering)

Paul Baloche

햇살 - 보다 - 밝게 - 빛나 는 주의 - 영광 -
모든 - 어두 - 움물 - 리치 - 네 -
누구 - 도주 - 앞에 - 다가 - 설수 - 없네 -
주의 - 거룩 - 한보 - 좌앞 - 에 - 오
직주의 - 보혈 - 주의궁 휼의 - 지하 - 여 나아가리
- 왕되 신주 - 앞에 - 나경 - 배합 - 니다
- 주님 만찬 - 양받 - 기합 - 당하 - 시니
- 큰존 귀와 - 영광 - 홀로 - 받으 - 소서

G sus4
Bb2
C sus4
오 주 - 앞에 - 나 나 - 아 갑 - 니 다
1. F
F2/A
2. F
왕 되 신 주 -

# 날마다 찬미예수 (250곡)

| | |
|---|---|
| 초판 발행일 | 2018년 5월 1일 |
| 펴낸이 | 김수곤 |
| 펴낸곳 | ccm2u |
| 출판등록 | 1999년 9월 21일 제 54호 |
| 악보편집 | 노수정, 김종인 |
| 업무지원 | 기태훈, 김한희 |
| 디자인 | 이소연 |
| 주소 | 서울시 송파구 백제고분로 27길 12 (삼전동) |
| 전화 | 02-2203-2739 |
| FAX | 02-2203-2738 |
| E-mail | ccm2you@gmail.com |
| Homepage | www.ccm2u.com |

CCM2U는 한국 교회 찬양의 부흥에 마중물이 되겠습니다.